中国科协学会学术部项目资助

从认识到行动

——引领社团成功的六种新路径

［美］基　恩·弗兰克尔
［美］加布里埃尔·埃克特　著
曹　莉　译

中国科学技术出版社
·北　京·

图书在版编目（CIP）数据

从认识到行动：引领社团成功的六种新路径 /（美）基恩·弗兰克尔，（美）加布里埃尔·埃克特著；曹莉译 .—北京：中国科学技术出版社，2016.12

书名原文：*From Insight to Action: Six New Ways to Think, Lead, and Achieve*

ISBN 978-7-5046-7402-9

Ⅰ. ①从… Ⅱ. ①基… ②加… ③曹… Ⅲ. ①社会团体—组织管理学 Ⅳ. ① C912.2

中国版本图书馆 CIP 数据核字 (2016) 第 304015 号

著作权合同登记号：01-2016-0159

责任编辑	单 亭 崔家岭
装帧设计	中文天地
责任校对	刘洪岩
责任印制	张建农

出 版	中国科学技术出版社
发 行	中国科学技术出版社发行部
地 址	北京市海淀区中关村南大街16号
邮 编	100081
发行电话	010-62173865
传 真	010-62179148
网 址	http://www.cspbooks.com.cn

开 本	787mm × 1092mm 1/16
字 数	190千字
印 张	12
版 次	2017年1月第1版
印 次	2017年1月第1次印刷
印 刷	鸿博昊天科技有限公司

书 号	ISBN 978-7-5046-7402-9 / C·161
定 价	38.00元

序

今日各协会面临重重挑战，其中最重要的莫过于领导能力的建设。如果没有行之有效的领导——无论是志愿领导者还是驻会领导，协会将很难在障碍重重、形式复杂的环境中获得成功。《从认识到行动——引领社团成功的六种新路径》一书以全新视角深入探讨了领导者在未来几年带领团队迈向成功所必备的能力。

我所在的协会多年来不断取得成功。但作为该协会的首席执行官，我个人对此角色最为满意的就是培养了很多新的领导者，并见证了他们一步步走向成功。在我的前员工中，至少有 4 位如今已成为独当一面的首席执行官（CEO）。而在我们的志愿者领袖队伍中，很多人在引领建立未来医疗体系的工作中发挥着重要的作用。协会领导者不仅要为组织设定发展方向并带领组织取得成功，还要通过指导他人和个人能力培养来提高协会会员的能力。

本书从个体协会领导者的视角，提供了六种思考方法和八种必要的组织基础。六种思考方法旨在加强对话、鼓励评判性思维和接受多元观点；八种必要的组织基础则为新的思维方法和领导方式提供了必要的支撑。作者指出，近年来各协会特别注重各种各样的数据——“标准、运作方式和细目”等，但是仅仅注重数据并不能确保做出良好决策或实现有效的领导。因此，本书作者弗兰克尔和埃克特倡议，领导力的构成中还应包括直觉、洞察力和理念。

第一部分中，作者建议领导者可从以下六个方面培养并提高自己的领导能力：

- 践行 360 度思维。了解由内外部多渠道获取的各种理念和认识，并清楚这些理念之间的相互关联。

- 培养强烈的内在直觉意识。作者认为直觉是将知识与内在或共同认知相融合的一项艺术，它有助于领导者更好地做出决定。
- 采用动态决策，即建立基准框架。以确定某项决策应该要更倚重直觉还是数据。
- 多提强有力的问题。这不仅有助于各项数据和认识的收集，还有利于发现其中的规律并建构意义。
- 实现思想多元化，观察、评估并接受不同人在思维方式、个人经历、风格倾向、天生性格间的不同，而不仅仅只关注人口统计数据。
- 理解变革的真正本质。这体现了人吸收和接受变化的能力。

上述能力不仅有助于培养领导者理性思维并有效决策，还对各协会和组织机构具有启发意义。领导者可在所在的组织中运用并示范以上能力，进而借助这些能力朝着未来的目标方向前进。

第二部分详细介绍了八种必要的组织基础，其中包括：充分认识组织的宗旨、清晰阐述组织的原则和价值观、明确规划组织的愿景或潜力、设立有效的工作和决策过程、确定优先项的方法、认识该组织在其外部环境中所起的作用以及建立人才培养及奖励机制。《从认识到行动——引领社团成功的六种新路径》鼓励领导者及其组织对理念、模式、关联和环境影响加以更多的关注。今天我们面临的选择、挑战和不确定性比以往任何时候都多，本书将有助于各协会领导者更有效地厘清头绪、找到答案。

作者提出的这些概念并非是菜单式地教你去做什么，而是像自画像一样清晰描绘出如何成为一名领导者的要素。它为培养指导能力、思想领导力和高效能力拓展提供了良好的基础。《从认识到行动——引领社团成功的六种新路径》无论对在任领导还是未来渴望担任领导职务的人来说，都是一本深刻且发人深省的必读书。

——托马斯·多兰博士

（注册社团管理师）

美国医疗管理者学会总裁兼首席执行官

致　谢

本书两位作者分别为咨询顾问和组织领导者：基恩·弗兰克尔有过18年的协会咨询经验和30多年的企业管理咨询经验，且其所涉领域众多；加布里埃尔·埃克特在非营利性机构担任负责人，有10年的工作经验，熟知地方和全国性社团组织。这对由咨询顾问和组织领导者构成的组合在有关协会问题、挑战和解决办法方面为我们提供了独特的视角。

我们在此向以下人士致以诚挚的谢意：维奈·库玛领导的创意行动有限公司研究团队，工商管理硕士南希·亚历山大，工商管理硕士杰伊·麦克诺特博士，我们的同事兼合作者克里斯·奥朗兹、约翰·克里斯·洛，注册社团管理师（CAE）及工商管理硕士伊丽莎白·卢卡斯、卡丽·马丁利、克里斯托弗·塞兹、米歇尔·布莱克，注册社团管理师吉姆·穆迪、温迪·卡瓦纳、谢丽尔·伦克、戴安娜·马特、谢莉·凯德以及朱迪·格雷。

我们在为此书做研究时，为博采众长，曾与数百个不同领域的组织机构合作过，其中包括企业界及非营利性机构的贸易部门、专业部门和慈善部门以及学术界、政府机构及非政府组织。我们感谢接受本书采访的众多领导者，感谢他们的勇气、合作和坦率。

在此，我们还要感谢两个优秀的大学高级经理培训项目：哥伦比亚教师学院和哥伦比亚商学院的商业领袖及组织教练式辅导项目以及肯尼索州立大学科尔斯学院的高级工商管理硕士（EMBA）项目。弗兰克尔近期在哥伦比亚大学进行研修，而埃克特则进入肯尼索州立大学学习。他们通过在此学习所获取的知识从根本上重塑了他们对于领导力的看法。

基恩·弗兰克尔想借此机会感谢哥伦比亚大学教练式辅导认证项目的各位教师：蕾切尔·赛珀让博士、特伦斯·马尔特比亚博士、工商管理硕士和注册社团管理师大卫·马修·普瑞尔以及同在第七期培训项目的同窗、C3P校友。这是一个非常棒的全球性学习团体，正是在这里的学习激发了她对于思维领导力的新探索。

加布里埃尔·埃克特要特别感谢埃里森·基夫博士、克里斯·拉姆齐、史蒂芬·布洛克博士、保罗·洛佩兹博士、埃尔文·米尔斯博士、史蒂夫斯·马尔特博士、迈克尔·萨尔多瓦博士，以及肯尼索州立大学科尔斯学院EMBA项目的全体教师和2011级的同窗们。该项目课程增进了领导者对全球业务、商业领袖教练式辅导和领导力的更深层次地理解。

埃克特在此真诚感谢国际建筑物业主与管理者协会（BOMA）佐治亚分会的会员、领导和专职工作人员。该协会证明了协会会员和专职工作人员确实可以达成并保持积极的变革，有效地服务于行业并共创未来。此外，正是在国际建筑物业主与管理者协会的全体会员及专职工作人员的帮助下，本书作者对行业协会的管理及成功有了更深刻的认识。

我们还要感谢注册社团管理师吉斯·斯基尔曼和巴伦·威廉姆斯，感谢美国社团管理者协会（ASAE）出版团队在整个项目中给予的支持、鼓励和指导。

最后，弗兰克尔要感谢她的丈夫巴瑞·弗兰克尔，感谢他在成书过程中对自己坚定不移的信心、支持、耐心和爱心。

基恩·弗兰克尔

加布里埃尔·埃克特

2012年7月

目 录

第三部分

统一策略——共同创造

前　言

过去几年中，很多书籍就协会结构和机制进行过阐述——包括如何改革管理体制、调整委员会结构、改变提名流程、做战略规划等。

此外，关于协会的重组、改组、调整、监测、量化组织绩效等问题，协会领导者们收到的建议更是五花八门。本书算是对以上建议的回应。我们同时建议，领导者或许应该提高对其他方面的关注度，比如领导力。

市面上有很多关于领导能力及领导组织变革的书籍，但此类书籍大部分针对的是商业部门，少有适用于行业协会方面的。领导协会与领导营利部门是不能混为一谈的。本书意在使协会领导者（或未来的协会领导者）了解其应具备或增强的领导技能，从而促使领导者及其组织取得成功。

伟大的企业往往其领导者的任期也很长。例如，苹果公司前首席执行官史蒂夫·乔布斯、通用电气前首席执行官杰克·韦尔奇以及“股神”沃伦·巴菲特都是任职时间较长的成功商业领袖。但在行业协会管理中，我们不能只依靠长期掌权的领导者单一且持续的影响力去授权和激励他人。相反，协会领导力应分散在那些在重要职位轮岗过的志愿领导者身上，以及那些有过重要的连续组织经验的专职工作人员身上。

近几年来，协会领导者过于重视理事会的基础建设、专职工作人员、委员会、会员参与、社交媒体以及协会成功所需的其他机制，却忽略了更广义上的领导力概念。他们可能过于重视各项标准、运作方式和细目。很多情况下，领导者做了上述所有事情，却依旧无法实现组织的长期目标、愿景和抱负。

在寻求建立良好的体系、结构及过程中，协会领导者是否花费足够的时间去研究领导能力以及领导者的角色定位？

协会领导者们（及未来的领导者们），是时候退后一步从总体上观察工作大背景以及各环节之间如何环环相扣了；是时候重新认识领导能力的重要性及领导者正确领导的作用了。

该书对协会领导力进行了更全面、更新颖的分析。它强调了六种新颖且重要的个人领导能力，并提出了八种必要的组织基础——即便是最优秀的领导者也需要首先弄明白这些组织基础才能成功。我们会听到协会领导者扪心自问："在日渐复杂的环境中该如何成功领导一个组织？为最大化发挥组织的潜能并应对不断的变化，领导者需要做些什么？未来有什么事情能够促使领导者去参与、引领并成长呢？"

本书将会解答上述问题。

《从认识到行动——引领社团成功的六种新路径》详述了在日益错综复杂的组织生态系统中，领导者想要有所建树所需的六种新型能力，剖析了所有组织都需具备的八种必要的组织基础（某种程度上，我们希望各个组织已经或多或少地具备了这些基础），并提出了一种统一策略，即共同创造。读完这本书，读者将对这些理念有更深入的了解，并学会使用高阶领导力战略来实现和维持改变，以便适应当今流动性日渐增强的环境。

本书对如何培养这些能力提供了若干指导性建议，而非明确的具体做法；它对如何成为一名领导者、如何扮演好领导者角色提出了若干建议，也为读者在组织、团队、职场和生活中应聚焦什么提出了建议。

本书不会告诉你如何去思考，而会告诉你应该开始思考什么。更重要的是，它会告诉你需要怎样思考才能融入一个更加广阔和复杂的组织环境。

与近期其他有关"协会领导力"的书籍不同，本书不是从组织的视角，而主要是从领导者——首席执行官、理事会主席或理事会成员、高管、主管、经理的视角进行探讨的。

本书利用大量篇幅介绍领导者的角色定位及其所需能力——即领导力是什么以及如何在不断变化的环境中进行领导。虽然本书主要关注的是执行层面上的协会会员及组织领导者，但我们希望协会中任何保持成长激情并有学习意愿的人——无论其级别高低都能发现本书的价值。

本书虽主要针对协会领导者，但本书所述内容是和诸多行业领域领袖咨询讨论过的结果。这些领域涵盖政府组织、营利性企业、非营利性慈善基金会、公益性组织、贸易协会及专业团体。在与他们的采访交流中，我们的想法得到了各行各业领导者们的大力支持。因此，我们也希望，各行各业的领导者们，无论是从个人层面还是在组织管理层面来说，都能从本书中得到有益的帮助。

引 言

今日领导者所面临的情形比以往任何时候都复杂。人们期待获取更多信息、做出更多决策、开展更多活动。专家表示，当今数据的增长已达到无以为继的程度。在未来几年中，协会领导者会愈发感到自己深陷“信息漩涡”，身边永远围绕着无数有关项目、服务和策略的观点理念，而他们却无力掌控这些理念的产生和走向。

领导者应做些什么才能在这场前所未有的、更加复杂的信息漩涡中获得成功？领导者需具备何种能力才能经营理念，而非只是管理系统结构、过程和数据？领导者和组织机构如何才能做得更好？

我们认为，领导者及组织机构所面临的挑战将是如何处理和解决日益增长的数据流，而这种挑战进而会导致对新型领导力范式的需求。《从认识到行动——引领社团成功的六种新路径》构建了新型领导能力及必要组织基础的基准框架。只有掌握了该框架，领导者才能从管理数据转变到经营理念，才能在不断变化的环境中取得成功。

新型领导力范式的驱动因素

不可控的变化

变化的速度在加快。在加速变化的环境中，领导者面临的挑战之一就是做出有效的决定，以引领其所在的组织机构走出这种复杂的局面。在《极客与怪杰》(2002)书中，作者本尼斯和托马斯将旧式领导者将新生代领导者进行了比较研究。两位作者指出，当今世界是一个日新月异的世界，领导者要想保持活力就必须坚持学习。“自第一代领导者出生以来的约80年里，世界发生了很多变化，这些变化比之前1000年发生变化的总和还要多。”虽然该研究主要针对商业部门组织，但它对行业协会有着同等参考价值。

变化的步伐从未减慢，而且似乎在我们有生之年也不会减慢。协会领导者在处理事务时，方法要更灵活、更流畅、更多样化。目前正在使用的策略也需重新考量——即使这些策略在之前曾行之有效。组织的领导者不仅需要梳理好自己的思路，还需帮助下属去理解、接受和拥抱变化。

领导者不能在实施变革时只简单地向前看。他们必须培养自己全面看待问题和全方位看待时机的能力。那些无法随时接纳周围所发生事情的人将被远远抛在后面。在此复杂环境下，协会领导者不仅需要拥有高超的思维能力，还需培养足够的自我认知能力和理解能力，这样才能打破自身桎梏并积极改变。

协会内外竞争日趋激烈，协会的作用正快速演变。领导者们如何在难以管控的世界中控制变化？聪明的领导者已然发现，“控制”只不过是一种幻想罢了。谁能真的“管理”变化——无论是人还是组织的变化？在此环境下，领导者需具备怎样的领导能力？在势必会愈发复杂的未来，领导者该如何创造并维持积极的变化？组织机构内部需要怎样的组织基础？领导者需要具备哪些能力，才能在日趋复杂的形势中做出积极的变化并使之得以保持？随着时间的推移，变化也会不断产生，那么未来的局势又会是怎样呢？

面对这些挑战及近期的经济压力——这些压力在某种程度上已明显影响到传统协会的效能和前进动力。协会领导者正试图在日益失控的环境中重新掌握局势。领导者已试图通过使用新的管理模式、工作模式、决策系统模式和策略规划模式来掌控已然失控的局势。这些模式大部分都试图管理形式各样的数据或是创建某种机制以创造、处理和利用数据。

劳动力变化的动力

促使劳动力发生变化的动力也是促使协会领导掌握新能力的因素之一。很显然，劳动力整体人口结构在发生变化。在此变化趋势中有一个较为有趣的现象：劳动力人口中，婴儿潮时期出生的人口数量在持续增加。

劳动力人口中，像这样年纪较大的工作者的存在则意味着组织机构中有许多领导者也在日趋老龄化，这种情况同样出现在协会志愿劳动力中。在日益复杂的环境中，人们能获取的数据量在增加，直觉在决策过程中的作用也在增加。为了避免做出错误的决定，年纪较长的领导者有必要使用本书提到的方法去提高直觉能力和动态决策能力。

除了劳动人员的年龄结构因素外，“支配和控制”的领导方式在劳动力中越来越少得到回应。虽然目前各协会间的工作结构和决策系统有所不同，但劳动力似乎仍处在等级化和控制化的领导模式下。但在一个全新的世界中，下级希望上级做的事情是放权而不是控制。在《领导力挑战》(2007)一书中，作者库泽斯和伯纳斯提出了切实可用的建议，“在一个高效的工作团体中，领导者不是司令官、控制者、老板或大佬，他们是团队的服务者、支持者、伙伴和帮手。新世界中必须拥有的能力是：寻求思想多元化的能力、提出强有力问题的能力和理解改变本质的能力。”

未来的工作流

未来的工作流将不再以一种逻辑化、条理化和连续化的顺序进行。各种理念观点的传播速度会越来越快，且其来源、渠道也会愈加复杂化和多元化。各种信息、模式和见解会蜂拥而至，领导者用来深思熟虑、环顾全局、进一步审时度势的时间因此变少了。对协会领导者来说，留出时间去洞悉事物之间的联系、发现理念之间的继承关系以及明了各决定间的相互影响已变成一种挑战。

理念代替数据

理念正在快速替代数据成为组织机构的价值资产，而能付诸实践的理念则显得尤为重要。正如古印度王子、佛教创始人乔达摩·悉达多（公元前563—前483）所说，“理念的发展和践行要比理念本身的存在重要得多”。协会领导者该如何从管理数据流模式转变到引领理念发展模式呢？

在管理理念方面，领导者对各种理念的本质又真正了解多少？某一理念是否真正具有独创性？理念可否超脱现实而存在？在某种程度上，是否有理念可以不用借助之前的理念就能单独存在？毫无疑问，答案是否定的。对任一理念进行深入探讨，就会发现该理念是建立在更早的一种或多种理念之上，甚至有可能是由众多理念建立和支撑的。换句话说，理念之间是相互关联的。

在识别、阐述和评估各种概念时，人们的思维往往会毫无逻辑、不按章法地从一种理念跳跃到另一种理念上。因此，理念之间需要相互支撑才能解释明白。事实上，理念之间通常不是相互独立的，而是彼此依赖的，理念 A 的构建离不开理念 B、C、D。理念之间的关系就像鲜活的有机组织，它们源头形于其他理念，伴随其他理念而进化，最终会被更新的理念所替代。

很多时候，各理念会形成一种生态系统，协会领导者需在某种（或多种）理念生态系统中发挥作用。理念生态系统可能不仅存在于协会内部，还存在于各会员单位、行业、共同体乃至整个世界之中。

自然界中的生态系统指各种复杂的生物群落。在该系统内，各生物之间、生物与非生物之间相互作用。各生态系统的规模虽大不相同，却有一点是相同的：生态系统中各要素间是互相依赖的。如果生态系统的某一部分遭到破坏或灭绝，其他部分都会受到影响。生态系统概念的核心是认同该系统内各要素间通过物质循环或能量流动联系在一起。有机体在自己所属的环境中同其他要素进行相互作用，从而产生积极的能量流动。

美国作家詹姆斯·穆尔在《竞争的衰亡：商业生态系统时代的领导和战

略》(1997)一书中曾将生态系统概念引入商业生态系统中。我们在此也引入此概念，将各协会视作一个生态系统。

哪些要素在协会理念生态系统中是相互关联的？你的理念能量又源自何方？新的理念自何处产生以及如何产生？其过程是否是周期性的、可预测的以及连续的？理念会以何种形式出现——是提交给协会委员会的足有30页的白皮书，还是仅仅在推特(Twitter)上发布一条仅140字的消息完事？理念是由协会中颇有声望的志愿者提出？抑或是由意想不到的其他人提出(这些人之前由于某种原因并未涉足其中，但却在某个时刻主动要求参与)？

未来需要的领导者类型是能够从多层面、多渠道、多个时间段以多种形式思考和吸纳不同理念的人。在新型理念生态系统中，领导者要有平衡、判断并利用一切可用脑力的能力。领导者应该是多维思考者。他们既要利用负

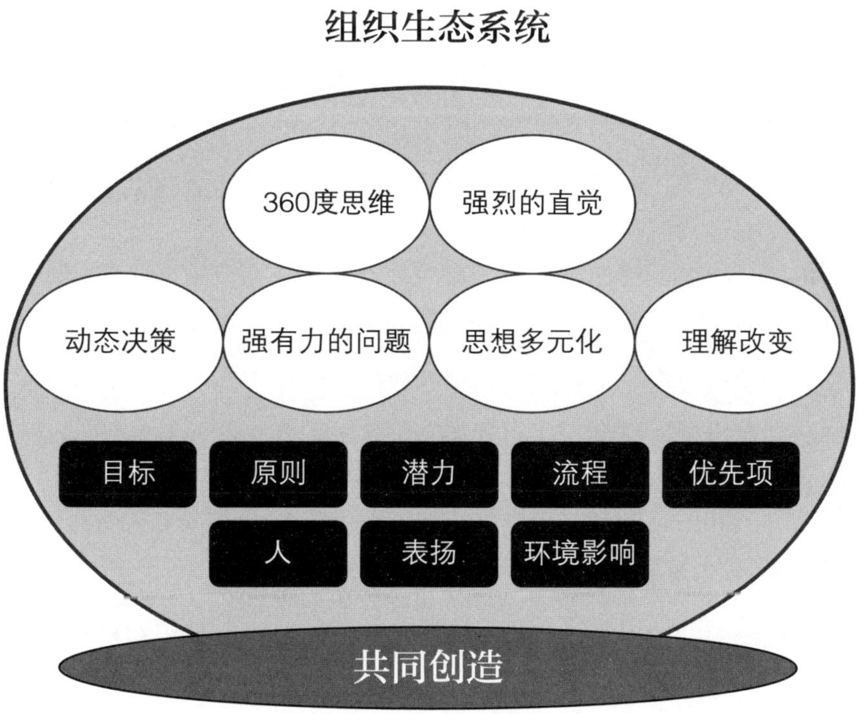

图 1　新型能力和必要组织基础的生态系统

责美学、感觉和创造性等方面的右脑，又需使用负责理性、逻辑和分析性等方面的左脑。

社会需要能更全面和多角度思考的领导者。领导者需具备过滤并平衡所听、所感或所接收信息并最终做出最佳决定的能力。领导者不可避免地会收到许多多余信息，这就要求他们学会在更加丰富、更加深入、更复杂和拥挤的信息海洋中游泳，学会在理念生态系统中生存并发挥作用。

技术和社交媒体

社交媒体和先进技术极大地改变了我们沟通、交流、思考和决策的方式，也由此对新型领导能力提出了要求。一切事物皆有关联；私人观点和专业意见混杂。在网络上与客户及同事沟通时，家人及朋友可能同时在场。发布在脸书（Facebook）上的言论可以即时自动发表在推特、领英（Linkedln）、拼趣（Pinterest）及其他社交媒体平台上。如果某人将一篇措辞不佳的私人言论发表在脸书上，则可能会影响到其与会员或客户的关系。

社交媒体和技术的发展也意味着简单的线性思维已不足以解决问题。各种对话和信息流已变得非常复杂，而未来只会愈加复杂。在未来环境下，个人面临多任务处理，需要同时使用多种社交媒体平台及移动电子设备。我们如何思考反映了我们在科技世界中的沟通方式。

各组织之前通常是在自己的孤岛上各自为政、独立运作，但现在此类孤岛已越来越少。人与人之间、各组织之间的壁垒已然被推倒。在此情形下，协会领导者需适应在一个更加广阔和开放的环境中工作。这也意味着，一个组织中通常牵一发而动全身，当其某一部分发生改变时，其他部分必定会受到影响。

“大数据”VS“大智慧”

在科技统领的世界中，我们已被各种数据淹没。很多组织机构重点关注的是标准、运作方式和细节，但某种程度上，我们可能给予这些方面太多的优先关注度了。

但仅依靠数据是不可能解决问题的，也不可能预测未来。我们不可能仅依靠数据就能做出正确的选择，数据自身也不可能成为决策的可持续基础。

2012 年 4 月《哈佛商业评论》上发表了一篇题为“优质数据并不能保证正确决策”的文章，作者沙阿、霍恩和卡佩拉在文章中指出，许多组织机构不惜重金投资基于大数据的信息技术及人力管理，但对大数据投资收益做出过于肯定承诺的公司面临着挑战。如若员工不能在复杂决策中整合这些数据，那么在数据分析上进行投资就会是无用的，甚至是有害的。

领导者必须学会运用“大智慧（直觉、洞察力和远见）”来平衡“大数据”。同时，领导者也必须设法让其组织机构中的各部门学会运用“大智慧”。我们认为，现在是时候强调直觉的作用了；我们同时呼吁在进行决策时采用一种更加平衡的方式，即不单单强调知识的作用，而是在领导者的知识与直觉之间寻找一种平衡。我们应该承认并尊重对这种平衡的需求。

很多协会几年前就已实行数据驱动决策。他们能自行收集数据，并进行分类及评估。这些数据被进而总结归纳后可服务于理事会、委员会及其他工作团体。

然而，这并不总能帮助一个组织机构做出正确的决定。对很多组织来说，数据并未能使它们实现组织持续变革。协会领导者个人需要既具有高度的直觉，又有能力将此直觉整合到更具活力的组织决策过程当中去。

从认识到行动：新型领导力范式

我们不禁要问：当今世界，各种数据和决策蜂拥而至，各种运作方式、标准和细目浩如云海，关于如何构架组织机构，如何衡量进程，以及如何重组数据更是众说纷纭。相关经济影响对各协会造成了巨大压力，协会只能在挣扎中求生存。在此背景下，协会领导者是否已不再关注他们作为领导者甚至是人的角色？协会领导者是否某种程度上已减少了对理解、培育和最大化人力资本等构建组织元素的关注？当今的领导者是否有足够的领导力带领我们走向未知的明天？

新型领导能力

过去的领导能力已不足以应付今日的情况。领导者必须学习新的思考、领导和实现成功的方式。那么，协会领导者需要具备怎样的能力？这些领导者需要做什么？他们会如何表现？他们会如何思考，又思考些什么呢？本书将介绍引领社团成功的六种新路径。以下问题供思考：

- 协会领导者是否理解不同理念间的根本关联？
- 他们是否明白以上理解如何有助于形成更加多维的思考方式，并进而促成更好的决策？
- 他们是否明白今天要比以往任何时候都需要我们在通常的数据驱动式决策中融入我们的内心直觉？有多少领导者了解并使用了能平衡定量数据和定性本能，以及能识别模式、预见感觉和判别对错的动态决策系统？领导者是否有权并能够在正确的时间出于正确的原因做出正确的决定呢？
- 领导者是否有敏锐直觉？他们是否明白直觉是大脑功能、价值观、感情和本能感受的独特组合？他们是否充分了解直觉在决策过程所起的作用？他们的直觉是否已足以敏锐到能够认识到决策过程中必须将内心的罗盘和定量的数据进行平衡？
- 理事会是否进行了多元化思考？对协会来说，多元化不是一个新概念。许多协会的理事会在成员构成上具有多样性，这是否足以使理事会具备多元化思维呢？理事会中是否不仅有来自不同地域、不同人口结构和不同人种的成员，是否既有左脑思考者又有右脑思考者，既有着眼大局者又有注重细节者？理事会成员中是否既有着眼过去者又有放眼未来者？

- 领导者是否了解问题的力量？他们是否清楚，协会要想实现并维持其全部潜能，提出问题有时要比找到答案更有用？他们又是否清楚，利用开放性、探索性以及可参与性高的问题去展开创造性、合作性的和富有勇气的对话对组织来说是何等的重要？领导者们害怕问自己和彼此什么样的问题？需要什么样的新型领导能力才能促使这些问题的提出？
- 善于聆听才能提出好的问题，而协会领导者们对此又知之多少？他们是否明白聆听分为很多层面，而深层聆听需要理解他人在说什么以及他们的真正含义？
- 领导者们是否明白变化的深层原因？当与人沟通愿景和筹划变革时，他们是否明白愿望、设想和恐惧对于人的影响？他们是否明白在个人内心深处是什么在阻碍改变？他们又该如何帮助自己及他人跨过这些障碍呢？
- 领导者是否善于运用新型能力去共创未来？他们是否知道如何建立各种关系以使协会内外，无论是专职工作人员还是志愿者，都能将人力资本的能力发挥到最大化？
- 最后，作为领导者你是否能创造出这样一种组织环境：在这种环境下，上述所有问题都可以被提出，所有这些能力都有用武之地，相互协作的文化氛围使得每个个体都能以一种有意义的方式（无论是以私人方式还是职业方式）参与进来？

必要基础

除了学习新的领导能力外，协会领导者还必须确保所在组织的基本体系、结构和流程是健康的。我们认为，新型领导能力和组织基础共同存在于一种组织生态系统中。

科学家们认为健康的生态系统是可持续的，即系统中所有要素是均衡的。那么接下来我们必须要问："你所处组织的生态系统是否是均衡的？"

对协会来说，均衡的生态系统离不开某些组织基础，包括：宗旨、原则、潜力、流程、优先项、人、表扬和环境影响。我们将在第九章对此进行详细探讨。成功的领导者必须要清楚哪些基础在其组织内部是最有效的，又有哪些基础是需要改进或进一步关注的。最成功的领导者还会问：这些组织基础是如何在组织内部相互关联的？哪些组织基础是领导者最为关注的？哪些组织基础为组织创造了最大的能量？最后，哪些基础在组织内部被加以有意义的利用并进而创造出了积极的变化？

《从认识到行动——引领社团成功的新路径》是一本关于如何平衡、管理、理解和经营理念的书。未来需要能够多维思考的人。领导者所面临的问题会更加复杂，而解决这些问题则会愈加困难。数据驱动式文化虽然能提供具体的方法，却不是、未来也不可能成为解决协会各种"病症的灵丹妙药"。在此情形下，协会领导者必须学习新的能力以促进个人和组织的成功。

共分为三个部分，提纲挈领式架构了对领导者个人及其所在组织都大有裨益的领导能力和组织基础。

第一部分介绍六种新型领导能力：360 度思维、强烈的直觉、动态决策、强有力的问题、思想多元化和理解变革。

第二部分探讨八种必要的组织基础。我们认为，这八种基础是协会实现和保持积极变化而必须具备的重要体系、架构和过程。它们是实现良好协会领导力所需的基本体系和过程。许多协会领导和志愿领导者非常重视这些基本因素，而很多协会也确实因此取得了巨大成功。第二部分不仅讲述了此领域的最佳实践范例，还在结尾设置了问题，以便协会领导者能利用这些问题评估其所在组织在此领域内的强弱。我们需要说明的是，仅仅具有这些组织基础是不够的。成功的协会领导者可以同时监测和了解各种能力间的相互关系。

第三部分主要介绍一种统一策略：共同创造。当协会会员和专职工作人员不仅只关注结果还同时注重过程，不仅只关注目标还同时注重历程时，就会产生共同创造。他们如何利用新型领导能力和必要组织基础以共同维持变化？每章结尾处都会以问题的形式列出需要思考的内容。虽然本书主要关注“是什么”而非“怎么办”，但在第三部分，本书仍就不同水平的领导者应该怎样思考及实施本书的概念提出了一些建议。此外，个体领导者及领导团队应如何将这些领导能力及组织基础制度化，本书也在该部分对此进行了阐述。

某种程度上，相对于提供答案，本书更多的是提出问题。这也是本书的目标。我们希望这些问题能够激发领导者、协会会员及其他利益相关者丰富、深入和必要的对话，希望领导者可以共同学习和成长，希望通过本书的激励各领导者和各组织间开展对话，并通过对话加强有效的合作，进而找出适合自己组织文化的行动方式，实现从认识到行动的跨越。

关于如何让读者接受并理解本书中的概念，可以有多种途径。我们不提供菜单式的解决方案。协会领导者必须要准备好以新的视角去看待其组织及自身，必须开始以新的方式去看待这个世界。我们希望本书能够帮助读者一路成功前行。

第一部分
六种新型领导能力

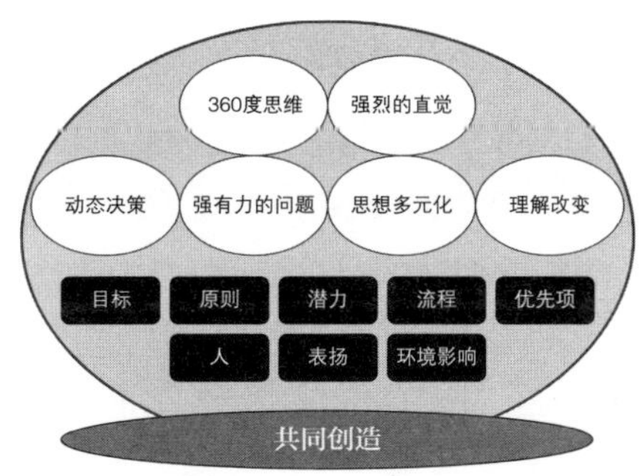

六种新型领导能力概述

管理理念纷繁复杂，这就需要各组织机构及其领导者能以一种新的方式去思考。本书提出的六种新型领导能力皆以一种更全面、更多维的方式去观察这个世界。做决定不再是一件一蹴而就的事情，所遇问题本身也不再简单明了。对于协会而言，要想发挥其全部潜能，对话和放权是不可缺少的。在正确的时间，以正确的方式，基于正确的缘由才能做出正确的决定。

在接下来的章节中，我们将介绍六种新型领导能力以帮助领导者及其组织从认知层面提升到行动层面。

- **360 度思维**。即理解系统、结构、过程、文化和理念间的根本关联，明白其中任一因素发生变化时对其他因素造成的影响；具备从各个层面和不同时限（如短期、中期和长期优先事项）认识各种理念和信息的领导能力，以及随时吸收各层次信息的能力。
- **强烈的直觉**。即一种全面的决策方式，利用各种感觉思考并整合信息以做出最终决策。它是一种个人领导技能，可提升对价值观、信念及观察力的认识，能识别过往经验模式，能结合客观情况和主观意识迅速地处理信息以做出有效决定。

- **动态决策**。一种新型决策模式，指在个人决定或群组决策时，根据不同情况确定数据和直觉在决策过程中起什么作用。
- **强有力的问题**。一些开放性的、发人深省的、具有挑战性的问题。对于这些问题，领导者并不寻求固定答案或结果，而是认真聆听，不断抛出后续问题以充分了解、促进并启发个人和集体的回答。
- **思想多元化**。工作团队和领导团队的成员具有多样化的经历、文化背景和思维偏好，领导者需要有效认识这些差异性，从而充分利用不同的观点。而不仅仅是大部分人都赞同的观点推进决策文化的发展。
- **理解变革**。了解个人看待变革的潜在心态以及整个组织对待变革的心态，并明白这两者是如何结合起来阻碍改变的；了解个人和组织对变革潜在的恐惧和设想，从而释放二者接受变革的能力。

这些能力之间围绕一定的主题相互关联。在识别和选择这些能力的过程中，我们会受到领导思维走向的影响。

本书中，“全脑思维”概念贯穿始终。我们对左脑思维和右脑思维的概念已经很熟悉了。左脑思维是“指挥控制型”领导思维，人们认为这种类型的领导方式很少能在职场中获得成功。一些研究者认为，现在的组织越来越复杂，因此更需要右脑思维模式，如概念性思维和直觉。在第一章中，我们将在讨论“360 度思维”这种新型能力的同时一并对全脑思维进行探讨。我们认为全脑思维对于很多其他能力也同样重要。

另一个贯穿始终的主要思想则为：对于领导者及协会来说，要想在未来充满挑战的复杂环境中获得成功，仅仅依靠数据驱动决策是远远不够的。在很长的一段时间内，人们都鼓励各协会依靠数据驱动决策，但我们认为，一种新型的动态决策模式未来会愈发凸显其重要性。这种决策模式可以兼顾数据和直觉。领导者在做复杂决策时，会更依赖于价值观和价值观构成而不仅仅只是数据。第二章和第三章将探讨直觉和动态决策概念。

有证据表明，这些能力确实是许多商业部门所需要的。一些研究报告指出，依靠直觉进行有效决策的方式已经越来越被接受。《管理决策的评判》（2006）的作者贝泽曼认为，时间和成本控制限制了可用信息的质量和数量。贝泽曼还指出，决策者只在可用记忆中保留了相对较少的信息。他得出的结论是，人们在智力和认知方面的限制制约了决策者从可用信息中准确“计算”出最优选择的能力。贝泽曼推测，这些限制共同作用，妨碍了决策者做出最优决策——只有在理性模型中才能做出最优决策。

此外，还有另一个贯穿始终的思想：协会领导者需要培养自己的情商。“情商”概念起源于美国作家丹尼尔·戈尔曼的一本书，名为《情商——它为什么比智商重要》（1997）。情商指领导者对自己的内部动机和感觉有了更好的了解后，有能力对信念、价值观、设想、动机及其他情绪进行更深入的理解。第二章中，在探讨“培养强烈的直觉”这种能力时，我们对情商进作了简要说明，但是我们倡导所有协会领导者都能对其进行更深入的阅读和学习，因为我们相信情商将在未来复杂的职场生活中发挥重要作用。

本书每一章结尾都列出一些问题供思考。有些问题是针对领导者个人的，有些则是为了激发理事会、员工团队及其他工作团队进行对话和交流。每章介绍的能力皆复杂却又必不可少；每章提出的理念皆为众多先进领导者的前沿共识。我们希望人们更多认识和关注这些理念，并将这些理念切实运用到所在组织机构中，创造出新的变化并最终取得成功。

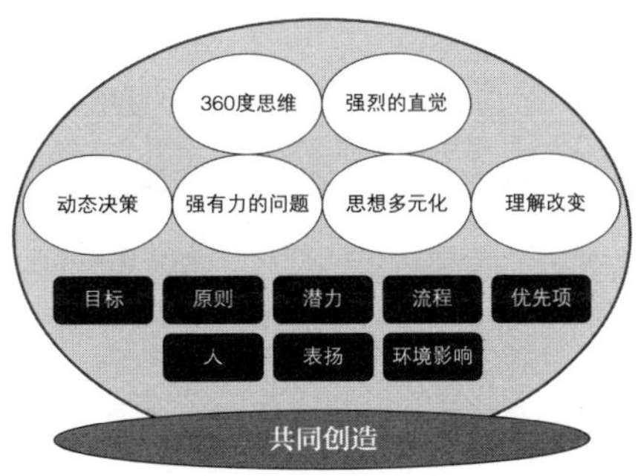

第一章　360 度思维

引领领导者思考、领导和实现成功的第一种新型方法是 360 度思维。这种新型能力要求领导者全面而非直观地看待问题。建议领导者始终从以下三个维度考虑问题：过去、现在和未来。

我们是这样定义“360 度思维”的：理解系统、结构、过程、文化和理念间的根本关联，明白其中任一因素发生变化时对其他因素造成的影响，具备从各个层面和不同时限（如短期、中期和长期优先事项）认识各种理念和信息的领导能力，以及随时吸收各层次信息的能力。

360 度思维的概念有时间维度和空间维度之分。在时间维度上，领导者需要既向前看，展望未来的趋势和目标；又向后看，回顾过去的形势并清楚了解组织目的和价值观；同时，面对当下，需要具备“周边视野”。

那些目光仅局限于当下的领导者会使其组织陷入麻烦。这些领导者只会向前看，只依赖标准数据来源，仅重点关注那些典型的已知事件，进而就贸然做出决定。这样的领导者倾向于仅关注手头上的任务和视线所及的事项，尤其是当领导者需要快速做出更多决定时，这种情况更为常见。遗憾的是，这样做往往会使协会领导者看不到更大的格局，包括那些看似与决策没有太大关联实则有深远影响的信息。没有“周边视野”就会形成狭隘的“隧道视野”，这是不能 360 度全方位考量的协会领导者的可能的结局。

想开拓一条新的培训业务线？但你所在的协会可能明显低估了市场的竞争力；而且，可能会有数据显示，一些无关行业的活动可能会影响到你所在协会的会员。

每两个月发布一次官方电子简报？遗憾的是，协会某会员可能早已将你们协会的各项日程协议发表在脸书上了。而协会对此行为却无计可施，甚至无法监控。

想改变监管或理事会结构？协会中某一重要利益集团可能会因此感到被剥夺了权利。

协会领导者越来越需要扩大思考范围，加深认识，花时间了解不同的模式及其关联性，思考某事或某话题的深层含义。协会领导者未来面临的挑战表明，直观思考的方式已经不能满足当今的需求。领导者必须坚持全面看待问题。所有事情都是相互关联的。一个组织内任一部门的决定，或者某一问题的某项信息，都有可能影响到该组织的其他部门或其他问题。直面当前所遇困难，时刻环视四周局势，这样就会逐渐培养出你的 360 度思维能力。

相互关联性

360 度思维中最重要的一个方面便是相互关联性。相互关联性不仅是指那些可通过全方位外部观察得到的信息和理念间的相互关联，还指存在于任一协会组织基础间的相互关联，包括目的、原则、潜力、优先项、流程、人和表扬（详见第九章）。

世界上任一领域内都存在相互关联性。自然界各种元素对生命来说都是必需的，而各元素间的相互关联性正是生命的关键所在，这种关联性对领导能力来说同样也是关键所在。在自然界中，生态系统平衡对生命的蓬勃发展来说是非常必要的；而 360 度思维相信，在一个组织内，理念、行动和信息之间是相互关联的。

我们生活在一个日益相互关联的世界中。社交媒体创造了一种关联性，这种关联性在 10 年前是不曾存在的。随着世界的关联属性变得越来越强，领导者们需要对其组织内的不同组织基础加以考量，并考虑各组织基础之间是如何相互关联的。

协会领导者需要了解其所在组织的整体构成和基本组成部分。这些组织元素之间的相互关联十分关键。正如平衡对生态系统中生命的蓬勃发展来说是必要的一样，平衡对组织的生态系统来说也是必要的，平衡是各元素间进行互动的一个重要特征。

如果我们将一个组织比作一个生态系统，能让这一“生态系统”获得成功的不仅仅是组织内各元素的存在，而是它们之间的相互关联性。拥有 360 度思维能力的领导者会利用那些最有利于实现协会目的和原则的理念和信息，将高效运营事项设为优先项，重用组织机构中那些具有独特技能、知识和才能的人（不管是志愿者还是专职工作人员），并对他们所做出的贡献表达诚挚的赞扬。最终，将理念变作现实，并对其周边世界产生积极的影响。

每种组织基础虽单独存在，要想增强其有效性就需要考虑各组织基础之间的关系。例如，在成功的组织中，目标和原则的相互关联性会推动组织做出优先选择。

联系和系统思考

社交媒体是促使 360 度思维形成的一个驱动因素。社交媒体虽是新鲜事物，但事实上，360 度思维的概念却可追溯至遥远的 500 多年前。彼时的西方文明世界对列奥纳多·达·芬奇及其作品赞誉有加、无限敬仰。无论你相信与否，360 度思维与达芬奇的伟大思想之间有着密切的联系。

达·芬奇一生之中扮演了诸多角色：天文学家、音乐家、科学家、发明家和哲学家。他的一个天才之举就是真实记录了他获得成功的方法：如何思考、如何培养和利用内在能力，以及如何将所学知识融会贯通。几百年后的今天，达·芬奇的思想在更为现代化的管理理念中重新体现，比如“全脑思维”“身心结合”“头脑风暴”和“系统思考”。

达·芬奇的其中一种理念与我们提到的360度思维和相互关联性密切相关。在《如何像达·芬奇一样思考：每天七步成才》（1988）一书中，作者迈克尔·盖尔布指出，达·芬奇曾公开了七种有助于广泛和创造性思考的能力，其中之一就是“联系”，即“认识并欣赏一切事物之间的相互关联性”。盖尔布在书中写道：向池塘投入一颗石子，就会在水面激起一圈涟漪，涟漪层层向外扩散。在脑海中想象一下这个场景，问问自己：涟漪之间如何互相影响，以及涟漪的能量最终去了哪里。这就是达·芬奇的思考方式。联系原则可被比作不断扩散的涟漪，而达·芬奇对周围世界各种存在模式和关系的不断观察，也正体现了联系原则。

为了帮助我们了解“联系”，可以想一下：一只蝴蝶在东京挥动翅膀，这是否会影响到纽约的天气？当代系统理论学家们对此经典问题予以绝对肯定的回答。500年前，作为最早的系统思考者，达·芬奇就曾指出，一只重量很轻的小鸟停落在地球上就会使地球偏离原来的位置。

在你尝试使用360度思维，尝试去理解你所看到的一切（以及你所没看到的一切）时，将这一切进行组织整理是否很重要？多年来，学者们一直在批评达·芬奇杂乱的笔记。他的笔记从来没有目录、纲要或索引。他以一种随意的方式杂乱地记笔记，从一个话题随意转换到另一个话题，并且不断重复。想一想你的电脑桌面或TweetDeck是否也是如此？

然而，达·芬奇的辩护者们则认为，达·芬奇善于将事物联系在一起，无论他的观察记录之间是否具有关联性，他的观察都同样有效。换句话说，他并不需要通过分类或者添加大纲将其内容组织到一起，因为他了解每件事情之间是如何相互联系的。

360度思维帮助你将理事会、各委员会、协会领导团队凝聚在一起，使他们作为一个团队一起工作。当考虑他们之间的相互关联性时，可以问自己以下几个问题：

- 每个人或每个团体扮演的角色是什么？
- 这些角色是怎样相互依存的？
- 这样的角色分配有什么优势和劣势？
- 压力之下团队动力会发生什么变化？
- 在多年形成的协会文化中，有哪些对以上团体产生过影响的组织模式被流传下来？
- 在组织外有哪些主要力量影响团体动力？
- 1 年前的团体动力是什么？5 年之前的呢？
- 你在此团队学到的作用模式如何影响到你参与其他团体的方式的？
- 如果我们需要绘制一张理事委员会或员工领导小组的体系示意图，它应该是怎样的？

20 世纪 80 年代和 90 年代的“管理理论家运动”着力于打造学习型组织和进行全面质量管理，这是将“联系”思维应用到组织管理的一次尝试。美国教授彼得·圣吉在其经典著作《第五项修炼》（1993）中强调，各组织目前正处在复杂且快速变化的环境之中，新时代需要新能力。他认为领导者应该培养自己看问题从整体出发而不是从局部出发的能力，着眼于相互关联性而不是单个元素的能力，以及关注问题的变化过程而不只是某一阶段情况的能力。他还说：“现实是由各种圆圈组成的，但我们却只看到了直线。”

协会领导者需要更好地识别各种各样的“圆”。他们需要了解组织和复杂决策过程的整体特征。未来的领导者在领导以及决策时越来越需要有全局观念，360 度思维对他们甚为有用。

信息过滤器

360 度思维还可以以另外一种方式帮助协会领导者进行全面思考，它可在领导者必须做出决定前的较长时间里起作用。“联系”概念可用于任何时间、任何事物。今日当我们深陷信息漩涡（该漩涡由我们产生和消耗的无穷尽的数据量形成）之时，“联系”概念显得尤为强大。

协会领导者如何才能提升自己眼观六路、耳听八方的能力？或者更重要的是，360 度思维者如何才能眼观全局并创建理性机制来组织数据流？

解决这一难题的方法之一就是创建信息过滤器。当运用 360 度思维时，领导者需要什么样的信息？如果协会规模扩展，涉及多个利益方，像行业信息、竞争者信息、协会管理的最佳模式、普通商业及经济新闻、全球发展趋势等信息，领导者是否都需要考虑？领导者若能将信息进行分类并过滤，就能够在任何既定时间内对所知信息进行整理并从中获取最必要的信息。有趣的是，这和创建机制来处理推特流信息（如 TweetDeck）的概念相似。

信息量如此庞杂，领导者即使对信息进行了过滤，也很难总是吸收所有信息。然而，成功的协会领导者会利用信息过滤器来更好地了解他们最需要的相关数据。最高效的协会主席可以激发理事会进行 360 度思考，从而使得整个组织能够获取更宽、更广、更深入和更有见识的观点并从中受益。

协会或协会领导者不可能完全吸纳或利用所有可用信息，他们也不能或不应该向协会会员提供未经过滤的无价值的信息。有效的协会是对话策划者和信息筛选者，懂得时刻环顾四周，吸收各种信息，并以一种让其会员觉得有价值的方式去诠释信息、给出前瞻，最终使这些信息成为组织的可用信息。“策划者”这一身份对协会来说非常重要，史蒂夫·罗森鲍在《策展国度》（2011）中指出了各组织机构都需扮演“策划者”这一重要角色。

但 360 度思维最重要的一点在于，它并不仅仅只是信息的积累，也不只是对信息进行整合或过滤。关键在于，360 度思维可以从那些看似碎片化的信息中辨别出其相互关联性和模式。

本书介绍的领导力工具之一为提出有力问题的能力，即能提出深入且有探索力的问题。正是通过强有力的问题领导者才能识别出模式——领导者将不同理念关联起来，模式由此显现。

例如，某学会的某类型的会员在会员更新过程中不断流失，同时这部分人也在逐渐减少参加学会的培训活动。通过竞争性分析，学会领导者发现，有一家新成立的组织在为流失的这部分会员提供类似的服务。学会领导者对这些信息的关联性进行了分析，由此提出问题：这些数据意味着什么。他们发现这部分会员在另一组织中发现了价值，而该学会有失去该类型全部会员的危险。如果领导者只是对每条数据进行单独分析而没有对数据进行关联性分析，就很可能会忽略这一发现。通过提出有力的问题进行数据分析并观察各数据之间是如何相互关联的，学会领导者才有了深入发现。

再例如：由于对所在行业不同领域间的关联性缺乏足够的了解，某协会深受缺乏 360 度思维所害。该协会中主要利益相关者来自与食品相关的行业。在服务会员的具体需求时，该协会并未意识到他们目前的诉求事实上与该行业更大范围内其他领域的诉求趋同。该协会会员代表的不仅仅是食品这一特定领域，他们还与产品作用和质量等一系列问题息息相关。在处理可能威胁到整个行业的规范问题时，该协会最终并未意识到与其他组织联合的可能性。

尽管表面上看该行业各领域的价值观之间并无什么联系，但如果能放眼全局，清楚未来该行业行规的成功制定需仰赖各领域的协作，这种 360 度思维必将对该协会领导大有裨益。由于对变化潜在的恐惧和假想，人们通常不会接受变化，本书第六章将对此进行探讨。同样，该协会领导者显然非常担心，如与行业其他领域合作，他们需在诸多价值项上做出让步。他们因此会错失了塑造行业未来以及满足会员需求的机会。

全脑思维

全脑思维在领导力研究领域是一个新兴概念，它与 360 度思维密切相关。全脑思维是指如何自然地思考，而 360 度思维是指思考什么，也就是说，应该关注什么样的信息、理念、来源和方向。

每个人都有自己的自然思考方式、有自己更感兴趣的领域。至关重要的是，每个人都有自己最为拿手的方面。弄清楚自己是左脑思维偏好者还是右脑思维偏好者有助于协会领导者更好地接受和利用 360 度思维。

从生理学角度来讲，大脑由两个部分或两个半球组成。右脑通过视觉了解事物，通常从整体或全局的角度考虑问题。左脑首先关注各种细节，然后再将其组合起来形成更大的格局，因此擅长于分析。左右脑均可思考，我们习惯或无意识地混合使用左右脑功能，人脑全部功能由此得以发挥。然而，我们的左右大脑总有一侧占主导地位，我们的行为更常常受到该侧大脑的影响。因此，认识并了解自己的大脑偏好十分有用。

一个人无论主要受哪侧大脑的支配，都会发现图像信息要比文字信息和数字信息更容易处理。右半球大脑会识别形状和颜色；左半球大脑则通过分析和排序的方式去处理信息，在阅读文本或查看电子表格时变得更加活跃。看数字表格会耗费很多脑力，但大脑却可以在几秒之内掌握可视化信息。大脑会识别各种图案、比例及关系，并进行即时的、潜意识的比较。

多年来，在商业领域并不提倡使用右脑式直觉思维。高管和经理多被鼓励使用左脑，注重分析、逻辑和数据驱动，尽量抽离自己的情绪。

但现在领导者日益发现右脑思维在商业领域内的价值。2010 年 6 月 1 日，《今日心理学》杂志官方博客上发表了一篇题为“连线成功”的文章，该文作者雷・威廉姆斯指出，“10 年前，我们沉迷于左脑商务时代，我们喜欢使用‘六西格玛（Six Sigma）企业管理战略’、‘ISO9000 国际质量标准体系’、电子制表以及多级管理和政策。我们以为我们可以通过做好明细支出预算取得成功，通过追踪每位员工的工作细节就能为股东创造价值，通过身着正装就能征服市场。但很明显，我们可能在分析流程、技术和线性思维方面遇到了瓶颈。”威廉姆斯指出右脑思维在商业领域变得越来越重要，甚至在企业界，越来越多的高管开始讨论价值观、可持续性及社会责任。“情绪、背景和意义已成为商业世界的前沿和中心议题。”

威廉姆斯还指出，最近有研究表明领导者将左脑分析技巧和右脑直觉感受结合使用的趋势越来越明显，这种相互结合的思考方式即是我们所说的全脑思维。他指出，最新的大脑科学研究已经表明，现实中我们不可能完全采用逻辑和分析能力进行思考，做出决定的主要驱动因素是情绪和经验，而不仅仅只是逻辑。

虽然我们仍会在这里使用“右脑思维”和“左脑思维”这两个术语，但是同时拥有工商管理硕士、博士和咨询顾问头衔的杰伊·麦克诺特在其博士论文“婴儿潮时期出生的经验丰富的领导者是如何利用直觉做决定的”（印第安纳卫斯理大学，2012 年 4 月）中指出，最近的神经学研究不再认同右脑思维模式一定会在大脑的右半部分发生。科学家们开始意识到我们所认为的左脑或右脑模式是有局限性的。磁共振成像显示某思维模式并不只是局限于大脑的某一个半球，事实上，大脑不仅仅通过左右两个半脑发挥作用，它也可以通过大脑其他部位行使功能。

在《全脑思维商务——释放组织和个人全脑思维的力量》（1996）中，作者奈德·赫曼额外增加了一个思维度，创造出了思维的四个象限：“该四象限模型就像是大脑工作的组织原则：在此模型中，每一个象限都喻指相关思维特征。象限 A 喻指‘左上脑’，其思维特征是逻辑性、分析性、事实根据性和定量性。象限 B 喻指‘左下脑’，其思维特征为组织性、连续性、计划性和细节性。象限 C 喻指‘右下脑’，其思维特征为人际交往、感觉、触觉和情绪化。象限 D 喻指‘右上脑’，其思维特征为整体性、直观性、集成性和综合性是。”

但除了上述研究以外，大多数热门的管理类文献仍将不同的思维方式比作“左脑思维”和“右脑思维”。在《思考，快与慢》（2011）中，作者丹尼尔·卡尼曼将这两种思考类型分为“系统思维 1”和“系统思维 2”，他强调这两种思维系统在运作时，并非只有大脑的某一个半球在参与，事实上，大脑若干组成部分同时参与其中。

那些对自己的大脑功能有一定了解的协会领导者将会从中受益。领导者不仅要了解自己的思考风格和思维偏好，还要了解自己固有的思考方式是如何进行的。如果领导者不知道自己事实上倾向于某一半脑思维，如右脑思维或左脑思维，他们可能无法领悟到 360 度思维的全部潜能。但是领导者与生俱来的左脑偏好或右脑偏好并不是自身的一个限制。能灵活地运用思维偏好是一项重要的技能。最有效率的领导者在意识到自己的思维偏好后，会在自己身边安排一些具有相反思维模式的人。

领导者如何才能更好地了解自己和自己的思维偏好？“尼斯林大脑清单（NBI™）”工具可辨别出个人的思维偏好，或许可以帮助协会领导者了解他们的思维运作模式。NBI 是一种可以对个人思维偏好进行描述性分析和非主观性分析的评测工具。它检测的是思维偏好，而不是实现这些偏好的技巧或能力。它并不会对几种思维模式进行好与差的评判，而是在这些检测结果的基础上提出发展性建议，以帮助领导者培养思维能力和反应能力，从而更好地适应他们所处的环境。随着国际上对左右脑功能的广泛研究，NBI 也得以发展。科布斯·尼斯林在佐治亚大学教授保罗·托兰斯的指导下研发出了第一个针对成年人的 NBI。随后，他将类似的方法应用到了其他全脑工具的开发中。赫尔曼指出，全脑科学研究仍主要在一些大学或研究机构中进行。在第五章中，我们将通过案例探讨 NBI 工具是如何帮助协会理事会更好地了解自己和他人的思维方式，从而更好地做出决策并赢得更多人的认可和支持的。

全脑思维不仅是为了帮助我们解决问题，它还试图使我们清楚我们所见以及所见的方式。它不仅仅关乎决策，还关乎创造性地解决问题——拼凑所见碎片并从所见中理出意义；它还可以增强我们 360 度全面看待问题的能力。

360 度思维将如何帮助专业协会

如果协会没有践行 360 度思维方式，那么会有什么情况发生呢？以下是一个案例。某协会在战略发展中采用了一种更零碎的方法，花费了几个月的时间去制定目标和一系列原则，而这些目标和原则与该协会未来的愿景或潜能并没有任何关联。

某专业团体（其会员专注于在细节方面精益求精）采用一种分散性方法

为该协会制定了战略规划。但在两年之内，该协会领导者又撤销了其中几项计划，并开展了多项委员会活动，从不同角度入手修正该战略规划。

其中一项活动是制定未来 20 年到 30 年的愿景。几个月之后又开展了另一项活动，检查协会各项内部章程并将上一项活动中确定的发展目标摘取出来，最后再将以上内容重新改编之后写进了协会使命中。随后还进行了一项活动，设立协会的短期目标和战术。另外，又进行了另一项活动，重点关注协会文化，确立可能根植在该文化中的价值观。

上述各项活动看似是战略发展过程中的合理行为，但该方法存在诸多问题。首先，以上行动都是在不考虑协会具体情况的“真空”环境中进行的。制定短期目标或战术的小组并没有以长期愿景为基础来考虑。负责制定协会目标的和负责发展协会文化价值观的是两个不同的小组。事实上，章程委员会也在负责制定协会目标的工作，他们查阅了各章程以获取信息，但该委员会中无一人与理事会或高级管理层有任何直接的沟通联系。

其次，该分散性方法的另一个问题是，在分散制定完这些战略方案后，理事会成员对各项方案分别进行表决，将是否采纳这些方案仅视为工作清单上需要完成的任务而已。

理事会自身也并不积极参与任何意见的生成。这些活动大部分都委托给战略规划委员会；另外，章程委员会在负责规划协会目标；还有一个特别周年日纪念委员会则负责制定与协会纪念活动庆祝相关的活动目标。

这种做法造成的结果就是，理事会将自己的角色简单地定义为接受委员会呈送的各项报告以及对策略规划进行逐步审批。由于这一过程持续两年之久，那些曾经对某一方案（如愿景）给予支持和批准的理事会成员，可能在各委员会再次向理事会申请批复其他方案（如短期目标）之前已离开理事会。因此，该协会各未来规划之间几乎没有任何连贯性，各项工作间几乎没有组织性，理事会几乎不会去思考这些方案之间如何相互影响、相互联系的。

这种方法还有一个问题：由于理事会并不积极参与战略方案的制定，因此他们对于协会以及协会面临的潜在危险和机遇并无深刻认识。由于他们没有直接参与环境侦测和 SWOT（优势、劣势、机会、威胁）分析，甚至不曾积极参与有关竞争战略的会谈，因此他们的思维模式是直线形的。他们视野狭隘，否认其协会面临来自于本行业其他协会的潜在威胁，也不承认那些很可能会严重影响到其会员职业生涯及协会本身的一些因素的存在。曾经有一家竞争对手提出与该协会合并，但开出的条件并不怎么诱人。由于不了解当时该行业的整体局势，不清楚在服务该行业专业人士方面竞争如何激烈，该协会领导者不仅拒绝并且还疏远了该组织，阻断了协会未来与该组织进行合作的任何机会。

该协会及其领导者本可以从 360 度思维模式中受益的。如果该协会理事会成员此前能够积极参与制定各项战略方案并在较短时间内完成，积极、坦诚地讨论外部影响因素，他们可能就会对自己当时所处的环境有一个更加现实的认识，也会相应地制定出一个更好的规划；他们可能就会明白，价值观在执行目标过程中的重要作用，明白协会的目标规划应重点关注该协会未来将扮演的基本角色。他们可能就会明白，愿景规划需清楚说明达成协会目标可能产生什么样的最好结果，以及如果一切顺利协会将会取得什么样的成功；他们可能就会明白，如果将协会放在竞争性的行业环境中去考虑问题，他们就会在努力实现组织愿景的过程中发现潜在的障碍和挑战。如果他们当时直接参与了短期目标的制定；他们可能就会明白，任何短期目标都应以长期愿景为考虑，而不是简单制定一项与现实工作没有任何联系的愿景，只有这样才能实现渐进的、可计量的过程。

由于该协会及其领导者此前的狭隘的隧道视野思维，他们对所在行业的外部竞争环境知之甚少。他们没有紧迫感，无意寻求改变，也无法提出使协会得以向前发展的真正的协同战略。遗憾的是，这样的人却坐在理应积极做出回应的位置上。360 度思维模式可以帮助该协会理事会对所处大环境以及所服务专业有更深远的了解。这将有助于理事会成员认识到，在行业发生变化的前提下，他们目前的管理模式并不能引领协会取得成功。在此特定行业中，协会会员的职能不再那么专业化，一些具有竞争力和其他资格的职业人士开始受雇担任原本只能由协会会员才能担任的职位。360 度思维可帮助协会领导者意识到行业发生改变是无法避免的，组织机构可以扮演改变者的角色，而不是被动地接受改变，从而使他们以更加开放的态度对待行业中的变化。这种思维可帮助协会更有效地服务其会员。但事实是，该协会领导者错失了可以带领协会和协会会员在未来取得成功的机会。

思考题——360 度思维

- 作为个人领导者，我一直关注的是什么信息？
- 我或我的理事会成员是否陷入了狭隘的“隧道视野”？
- 我对周边信息了解多少？
- 我的“信息过滤器”是什么？
- 我和我的理事会的“联系”能力如何？
- 在了解相关信息和知识后，我是如何通过其反映出来的问题去后退一步看待各种模式的？
- 我和我的理事会是否知道我们个人或集体的大脑偏好？
- 作为一个领导者，360 度思维是怎样帮助我的？此外，360 度思维又是怎样帮助我的理事会和我所在的组织的？

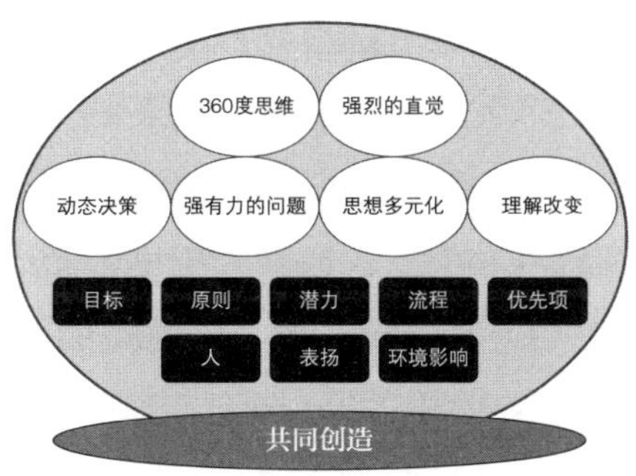

第二章　强烈的直觉

如今对于协会领导者而言，绝不会出现可用数据不足的情况。谷歌公司首席执行官埃里克·施密特指出，当今世界每两天产生的信息量就相当于人类文明史上前 2000 年所产生的信息量总和。今天，一般的企业邮箱用户每天会发送 150 封邮件。如今脸书的活跃用户接近 10 亿，每月产生的新内容超过 300 亿条。

但数据越多并不意味着决策越明智。可用数据越多就越难将注意力集中在正确的事情上、越难确定模式和意义，也越难充分理解数据。马丁·格林伯格在《计算机、沟通和公共利益》（1971）一书中提到，美国卡内基梅隆大学赫伯特·西蒙教授曾撰写了一篇题为“改造组织，适应信息丰富的世界”的文章，西蒙教授认为，“信息消耗了信息接收者的注意力。因此，丰富的信息反而会导致注意力的分散。”

《纽约客》特约撰稿人马尔科姆·格拉德威尔在其关于决断力的畅销书《眨眼之间》（2005）中写道：“我们生活在一个信息饱和的世界中，身边总是充斥着无穷无尽、唾手可得的数据。我们听多了那些关于‘一知半解或不经考证是危险的’言论。但我感受到的却是为了解太多信息而付出无法估量的代价以及由此造成的巨大挫败感……我们混淆了信息与理解的概念。”

我们是否混淆了信息与理解？当协会领导者准备决策时，数据会在决策内容上起什么作用？如果我们后退一步，好好审视数据所代表的真正含义，那么我们的决策又有什么不同？

今天，协会领导者身处数据驱动环境中。同时，理事会、专职工作人员和志愿者工作组需要更快做出更多、更复杂的决策，那么个人领导者或领导小组纯粹依靠数据做决定是否依然合理？

很有可能不合理！领导者如果想思考、领导并实现成功，必须让直觉在其决策过程中发挥重要作用，充当数据驱动环境中的平衡因素。个人领导者和组织机构要想获得成功，就必须培养一种必要的新型领导力——强烈的直觉，通过内在的“罗盘仪”与决策过程中的外部数据环境达到平衡。对领导者来说，在决策过程中有效地整合进直觉会比纯粹依靠数据要重要得多。没有人是可以知晓一切的，事情越复杂，就越不能单单依靠数据去寻求最佳答案。领导者强化自己的直觉并很好地平衡数据与直觉，这将有助于其更好地决策，也会使组织变得更为成功。

在决策过程多使用直觉将带来以下三大益处：①有助于引导领导者觉察到可能会影响组织发展的重要事项；②有助于领导者提升情商。直觉让领导者更有效地了解人们在工作和制定决策时的内在动机；③是有效动态决策的重要组成部分（详见第三章）。

眼光不局限于数据的能力、平衡分歧的能力以及找出正确解决方法的能力，这三种能力对协会领导者及其所在组织来说都大有裨益，即使有时候几乎让人察觉不到。如果协会领导者们（不论是志愿的还是任命的）能够更好地将直觉运用到制定决策的过程中，很多决策的制定过程都会更加迅速，制定出的决策也会更受欢迎，从而使得决策过程和结果之间有了更为密切的联系。

本章将从个人和集体两个层面对强烈的直觉进行探讨，并为协会领导者提供提升直觉力的策略。在第三章中，我们将会更加详细地说明如何将直觉应用到个人和组织的决策中去。

杰伊·麦克诺特参与了本章撰写工作，为本章提供了许多见解。麦克诺特为撰写其博士论文《婴儿潮时期出生的经验丰富的领导者是如何利用直觉做决定的》（印第安纳卫斯理大学，2012 年 4 月），对直觉在决策过程中的作用进行了研究。

直觉的定义

直觉有时被认为是我们内心对于某件事是好还是坏的本能感觉，或者是在不同情形下我们内心深处发出的一种自我建议的声音。通常情况下，直觉来得非常迅速。当我们面对一种情形或要做出一项决定时，有时候我们马上就知道应该做什么或不做什么。

直觉能够在你最不经意的时候为你带来创意、构想、可行的方案或者找到走出困境的方法。人们已经研究直觉很多年了。瑞士心理学家卡尔·古斯塔夫·荣格在其《心理类型》（1921）一书中，将直觉定义为“无意识的感受。”他提出了一种理论，该理论将思想活动过程分为六步：直觉、理智、思考、感觉、感知及判断，该理论后被应用在表征人格的“迈尔斯布里格斯类型指标（MBTI）”中。“直觉型”的性格主要依靠模式和印象，而非信息（信息通过其他五种感觉获得），虽然事实上，“感觉”比“直觉”更加接近直觉决策的定义。MBTI 系统中的“直觉”更注重个人是如何接受信息的而不是怎么处理信息的。

美国马萨诸塞州大学的心理学家西摩·爱泼斯坦博士曾在 20 世纪 70 年代发展了“认知经验自我理论”。该理论指出，人类通过两种系统处理信息。就像我们一直在有意识的学习一样——在该理论中指认知部分，我们也会从经验中学习，但却是无意识的。爱泼斯坦还指出：“直觉就是我们在无意识中学习到的东西。而我们从中学习到的东西有时候是有用的，有时候却完全不适用。”例如，有人从以往的经验中学到了要喜欢和信任他人，而另一个人则学到了害怕和不信任他人，那么这两个人的社交直觉将完全不同。

关于直觉，我们还知道些什么？萨德勒－史密斯和谢费曾于2004年在《管理者学刊》杂志第18卷第4期中发表文章“直觉型管理者——在决策中理解并运用‘本能感觉’”。他们在文章中指出：“直觉是结合了专业知识和感觉的复合现象……它不只是在知识（‘聪明’）基础上的推测……它停留在意识层面之下，产生于认知和情感的基础之上，表现为‘预感’或‘本能的感觉’，这些感觉可能与某些图像或讲述相关，也可能是确定某些行为正误性的一种抽象感觉。”

马尔科姆·格拉德威尔的《眨眼之间》书带火了“直觉”这一概念——尽管他不喜欢使用这个术语。他认为人类的大脑在进行功能处理时，个人是完全不知道的，他称这些处理功能为“适应性潜意识。”“适应性潜意识”是以一种自我难以意识到的方式影响判断和决策的一系列心理过程。“适应性潜意识”与“意识处理”不同，相比而言，前者更迅捷、更省力、更关注当下但不够灵活。

因此，这一理论表明，直觉似乎往往会出现在我们大脑的某个部位，而且我们可以强烈的感知到它。直觉与思维有关，但也与情绪、价值观、内在信念以及设想有关。

让我们对直觉进行更深层次的探讨以说明它的作用。

直觉的特点

我们所说的直觉指没有事实依据的已知的东西：感知到的、理解了的、出于本能相信的、感觉或人的本性，而不是经过有意识的思考、推理或理性过程产生的。但这并不意味着直觉决策是不合理的。相反，我们不可能每次都用有意识的或逻辑性的思考来解释选择是如何产生的（但有些领导却可以通过直觉决策后说明自己是如何做出这种潜意识决策的，他们将此作为决策的附加验证）。

大脑研究已经对我们大脑中进行有意识思维的部分做了探索，这些部分被称为平行智能系统，这一系统会做出不同的反应（有时候是情感上的），人们最终做出的反应就是这些不同反应间相互竞争的结果。参照以往的经验模式做出的反应被认为是直觉影响的结果。

麦克诺特在其博士论文中将“直觉型决策”定义为“未经深思熟虑的快速决策，最终形成情感主导下的判断。”该定义某种程度上是基于《管理学会评论》第 32 卷第 1 期由戴恩和普拉特于 2007 年发表的“探索直觉及其在决策管理中的作用”一文，在这篇文章中，作者对直觉的特征做了一系列的描述：直觉不属于意识思考。我们甚至常常意识不到我们正在运用直觉，它就像是活跃在我们意识心理边缘的一段记述。

直觉涉及创建整体联系。戴恩和普拉特认为：“直觉是这样一种过程，大脑深处（即潜意识）不同的分类、模式或特点会根据外部环境刺激做出相应的反应。”这意味着大脑中各种各样的信息、信号、感受、信念、因素和判断都会变成决策过程的一部分，协会领导者越是能够以一种全面、多维、非线性的方式去思考，他们做决定时结合各种元素的能力就越强。

- 直觉决策过程会快于理性决策过程。毫无疑问，无论是今天还是未来，决策的速度都是衡量领导力的一个重要因素。那些采用数据驱动、注重流程的方法进行决策的理事会不得不多次举行全体理事会议反复研究消化各种数据，直至每位理事都满意为止；而真正的“决策”这件事则被从一个会议拖到另一个会议再到下一个会议，从而延缓了决策和行动的必要速度。
- 直觉型决策是由情感控制的，这意味着情绪也参与了决策。情绪在协会领导力和决策过程中发挥什么样的作用？近年来，人们日趋强调数据驱动型决策，以期使决策过程去政治化，从而确保最终决策是基于理性的知识而非领导者的个人偏好。这些行动的初衷当然是好的，很多协会也确实在这种能力的培养上取得了良好的进展。但这种数据驱动型决策方法存在一项不足：在分析大量数据并对其进行理性且细节化讨论的同时，我们可能忽略了决策过程中的一个重要组成部分——与决策或结果有关的情绪。

与情商的联系

在很多组织长期以来形成的文化建构中，情绪在职场已不再是禁忌。人们越来越认同“情商是一种领导力”这一概念。美国心理学家保罗·萨洛维和玛依尔在其合著《情绪发展和情商——对教育者的启示》（1997）一书中将其特征概括为：“情商是这样一种能力，它能够感知情绪，能够获取并生成情绪从而辅助思想、理解情绪和情绪知识，能够冷静地调节情绪从而促进情绪和智力成长。”

心理学家丹尼尔·戈尔曼在其《领导力——情商的力量》（2011）以及《原始领导力》（2002）两本书中普及了“情商”这一概念。他研究得出的结论是：如果领导者在做决定时投入了情绪，那么他将会做出更好的决定，有更可观的表现，成为更令人信服的领导。

在《原始领导力》一书中，戈尔曼指出了构成情商的四个维度：自我意识（在任何时候都能明白自己的感觉）、自我管理（管理这些感觉）、社会意识（理解别人的感觉）、关系管理（通过发展健康的职场关系将其联系在一起）。

我们将“强烈的直觉”视为一种重要的领导能力，这与戈尔曼的研究发现有着相通之处，尤其是其关于第一维度——自我意识的研究。戈尔曼认为良好的直觉和决策是基于自我意识的基础之上。强烈直觉的建立有助于领导者在制定决策时以一种强有力的方式顺从其内心的指示。

很多研究者认为：在通向成功的道路上，领导者的情商要比智商更重要。准确“解读”或理解别人的情绪是情商构成中的关键部分。

直觉在决策中的应用

那么关于协会领导者对直觉的运用，我们又知道些什么呢？它是否被采用？它有无起到增值作用？为什么它会成为一种新的领导能力？在接下来的内容中，我们将会利用麦克诺特对不同企业和非营利组织的高层领导的采访内容以及我们自己对协会领导者的观察研究，来对上述问题进行解答。我们从中发现他们对直觉的运用具有以下特点。

人们并不总是能够意识到直觉。我们观察到一个现象，领导者经常会用到直觉，但却不会提到它。例如，某职业组织机构的首席执行官说："人们在决策过程中会运用他们的经验，却不将其称为直觉。我们组织的健康发展取决于我对周围所发生事情的关注，虽然我不称它为直觉，但我会利用过去的经验、寻找各种模式、倾听内心的指示，我对这一过程的重视程度等同于对收集到的数据的重视程度。"

某地方政府机构的一位领导告诉我们，"我们是唯一不听从内心直觉的物种。我生活在一个以数据为中心的世界。在我们部门，我们正帮助大家去多听听内心的直觉，特别是那些锦绣满腹却不说出来的人。在理解某项数据的意义时，你必须使用你的直觉或经验。你必须要明白只基于数据做出决定会所带来什么样的影响，而基于数据做出的决定并不总能带来最好的结果。"

模式的作用。领导者们谈到要对周围发生的一切具有感知力，而这种感觉并不是仅靠分析数据就能获得，而是需要发现数据背后的模式。嘉莉·马丁莉是圣路易斯－奥比斯波县（位于美国加利福尼亚州）的公用事业局局长，同时也是加州水利环境协会的会长，她指出：跟随直觉会帮助我们提出问题。如果我们向足够多的人问了足够多的问题的话，我们就可以识别出各种交谈中的模式。而这些模式会帮助我们识别不同的需求或问题，它们对于决策的制定来说是非常重要的。关键是要提出问题并倾听回答。有时候，会员的需求不会在数据或调查中显现，而会在各种交谈中呈现。

马丁莉还指出，组织文化的支持对强烈直觉的运用来说是必不可少的。“我们要允许人们说出那些说不出口的话，要允许新的想法出现。当允许人们去思考和分享观点时，我们就会获得团体直觉。你的组织中需要有一名信息串联者，串联起不同人之间的直觉，倾听不同的想法并发现它们。”

历史和经验。直觉与历史、经验有很大的关系，在决策过程中需要通过历史和经验来平衡数据。

麦克诺特采访的一位企业领导人指出：经验告诉他，要重视经验在直觉中的作用。他如今做出的大部分决定都有前例可寻。“换句话说，如果我之前经历过完全一样的事情，或差不多相同的事情，那么很明显我在做决定时直觉会起到很大的推动作用。”他解释道，如果他要做一个决定，而这样的事情他之前从未经历过，那么他就会采用一种更理性的决策制定方法。“如果某件事对我来说是一个全新的经历，那么无论我对这件事很放心，还是对其最终结果感到不确定，我都需要大量的数据做参考。但如果有时候几乎没有可用数据，我就会凭经验做决定。经验让我有自信去‘相信本能’，因为我之前曾经历过类似的情形。但这并不意味着万无一失。我们都是经验和过往决定的产物，无论这些经验和决定正确与否。”

但历史并不总是能够准确预测未来。克里斯朵夫·赛茨是长滩岛艺术与科学基金会的执行理事，他告诉我们：“有时候，人们对事情的反馈是基于历史的角度而非此时此刻对这件事的印象。因此，我们必须对数据进行解读。有时候，人们记得事情过去的样子，而没有从现在的角度去看待它。”

复杂性和创新性的作用。我们采访过的一位领导者告诉我们：“简单的决策可以基于知识来决定。然而，事情越复杂，就越需要将直觉应用到决策过程中去。有时候，直觉能够穿透复杂迷雾，直达事情的核心。”

这位领导者还指出，她曾读过丹尼尔·卡尼曼的《思考，快与慢》（2011），发现该书谈到了强烈直觉的概念。例如，她指出，谷歌公司会给予员工一定的时间去进行创造性思考和创新。他们会召开创意会议，员工可在会议上讨论他们的创意、创造新产品和新服务。

价值观。我们知道，价值观——无论是个人的还是组织的都在我们的直觉中起着关键的作用。一名领导者将“组织的价值观”视为直觉型决策的一个重要过滤器。他将公司的价值观以标语形式张贴在公司内。如果所做决定会影响到公司或公司员工，他就会参考公司的价值观。他说：“你应该考虑到所有可能的决定。这就是为什么我将这些价值观张贴在墙上的原因。在决策过程中，你最好确保你的决策与这些价值观一致。因为如果连你都不去遵循它们，那接下来会发生什么可想而知。你甚至不应该将这些价值观标语挂上去，不会有人去遵守，因为每个人都觉得这些价值观对于他们的领导来说没有任何意义。”

无独有偶，另一位协会领导者也把价值观当作筛选决定的“筛板”：想一下，我们感觉到协会中有一种核心信念和核心价值观，这种信念和价值观是我们想发展并使其根植于组织内的。那么，例如，“以顾客为宗旨”可能是我决策时考量各事项的一个“筛板”。我需要付出各种努力，在众多决策中反复斟酌，以确定哪项决定最终能够通过这个“筛板”。我必须要说，该“筛板”甚为严密。

还有一位领导者指出，随着时间的推移，指导她进行直觉型决策的“规则”也在逐渐积累。虽然她不能够清楚罗列这些规则，但是这些规则似乎都建立在她的价值观上：“每一天快要结束的时候，我都会问自己一些核心问题：这样做是道德的吗？是诚实的吗？是正确的吗？是能创造价值的（此处指为股东创造价值）吗？这些都是我要考虑的事情。但我能背诵出这些具体的规则吗？我觉得可能很难。”

共同直觉

我们已探讨了领导者个人培养强烈直觉的必要性。但是有无必要在一个团体中培养直觉呢？是否需要在理事会决策中应用直觉？有没有共同直觉这种东西呢？

多年来，咨询顾问利用公认的决策模型帮助很多协会在决策过程中消除具有破坏性的政治因素。很多协会将该模型整合进管理文化并进而掌握了该模型。但现在，该领域又有了新的上升空间。最新前沿研究认为，理事会和工作组作为一个团体需要培养共同直觉，以提升其决策过程和结果。

研究人员德鲁里和柯苏普乐斯曾在《咨询管理》杂志（2005 年 3 月刊）上发表了一篇名为"你还相信七大致命'神话'吗？"的文章。关于共同直觉他们发现："当一个集体在做决定时，人们的价值观、选择以及期待之间相互作用，这会让整个决策过程变得不那么理性。但这种'不理性'的决策过程通常最为有效，因为它会最大化地激发人们的积极性和主动性。如果管理咨询顾问不能理解和接受我们的不理性部分，那么他们将不会得到最优解决方案。"

共同直觉存在于体育团队中。设想一下篮球场上的高弧线传球。控球后卫和中锋在进行一瞬间的眼神交流后就能知道何时传球、何时跳跃才能完美扣篮。正是这种共同直觉告诉球员应该做什么以及应该去到哪个位置。

研究表明，直觉可在整个群体中扩展。这一研究对协会理事会具有一定的意义。研究人员蒂安·克莱恩于 2005 年出版了《专家是如何做决定的》，该书中有一章标题为"直觉型团队决策"，他对团队利用直觉进行决策的过程作了如下评论：

> 当团队面临决策时，人们直觉上会把该事件同他们已经建立起来的"共同心智模型"的相关知识（组织规范、协议、价值观、目标）进行比较。如果通过比较就能了解该事件，团队成员就会对解决方案心知肚明，从而能够快速地达成直觉型共识。有凝聚力的团队在行动中有着共同心智模式，队员期待团队中每个人的行为都符合该模式，包括诚实、信任、尊重他人、责任、同情心、归属感、开放式交流以及为与组织愿景或哲学紧密相关的目标而奋斗。

虽然克莱恩的研究对象是医院中的医护人员，但他的这些发现也同样适用于其他协会领导小组。很多协会理事会已经建立起了一系列行为规范，如讨论指导方针、行为守则以及其他运行程序。如果组织机构理事会真正地将这些东西制度化，且已经具备在这些行为规范的指导下定期开展业务的能力，那么他们就已经拥有了培养共同直觉所需的重要基础。该研究中的研究对象和协会领导小组的另外一个相似之处就是：他们都对其组织机构的战略性长期规划、未来发展和目标做出了共同承诺。很多协会理事会也对这几点予以说明并做出承诺，这几点组合在一起就可以构成一个协会的共同心智模型。

直觉型团队决策的另一要素表现为具有加快决策并迅速达成决定的能力。

很多协会理事会在复杂的数据驱动型决策方式上投入的时间逐次减少，但仍有很多理事会依然在数据上耗费大量时间，却仍不能做出最佳选择。在理事会的决策过程中运用共同直觉所带来的主要变化是分析每一项数据、每一个选择、每一条赞成和反对意见、每一条风险和结果所需的费力步骤都将会简化。理事会通过共同直觉所做的决策比根据实际共识所做的决策更为有力，他们也会立即明白这样决策的正确性。这样一来，组织机构的共识也会即刻形成，因为他们的决定不但建立在数据分析的基础上，还建立在组织机构价值观、原则以及个人直觉相互联系的基础上；因为这种共识是他们更深层次相互联系的结果，让他们有更强烈的归属感。那些已培养出共同直觉的理事会无须进行大量的数据分析、讨论以及辩解，就能快速做出决定，而且，这样做出的决定还会受到更多的拥护和支持。但是共同直觉要比共同价值观的定义范围广得多。共同直觉是一种潜意识的过程。在此过程中，那些正确且宝贵的共识突然出现，省去了烦琐的数据分析，也避免了可能的意见分歧。

有时候，一个团队通过直觉制定了决策，但其可能甚至都没有计划或意识到这一情况。这种决策有时候被描述成是“刚发生的事情”，是整个团队在集体即刻了解信息后达成的协议，经过简单讨论就达成共识并最后做出决定。讨论和评估在直觉型团队决策中发挥着一定的作用，但大多数情况下都是发生在决策制定完成之后。根据直觉做出决策之后，团队在验证该决策的同时也会计划实施该决策。如果团队成员提出不同的实施计划，那他们可能需要对此进行讨论，而“决策已定”的这个事实会让对话更有效，也会减少潜在的分歧。

共同直觉最重要的因素之一是团队成员间的相互理解。共同直觉是由共同价值观、大脑偏好和思维偏好、情绪因素共同作用从而发展而成的，它十分重视理事会成员作为“人”的存在，而不是纯粹将其视为数据分析小组。如果理事会成员投入更多的时间去了解他们的思维风格和思维偏好，他们不但会在彼此间建立起信任，还可能会培养出更强大的共同直觉能力。

在决策中运用共同直觉如何有益于协会领导者及其理事会呢？对于很多理事会而言，数据似乎永远不充足，用于对话和讨论的时间也永远不够用。而对于另外一些理事会而言，对话和讨论永远不足以让他们做出决定。而共同直觉提供了一种方法，能够帮助他们摆脱困境，将彼此当作“个人”来理解，通过真正倾听彼此、理解并核实彼此的问题和关注点来进行交流。

对于很多组织来说，价值观只是他们战略规划中的一段文字表述。很多理事会并没有花足够多的时间去了解价值观如何以及为什么指导他们进行决策的。加强对价值观的重视也许可以解除束缚、增强凝聚力。这是能让组织团结起来的为数不多的事情之一。共同直觉和共同价值观使人们能够牺牲“小”我（个人利益），成就“大”我（组织整体）。

案例分析：某协会理事会的共同直觉

共同直觉在实践中如何发挥作用呢？下例讲述了某协会理事会是如何运用共同直觉做出重大决策的。宠物狗训练师协会（APDT）是由宠物狗（及其他宠物）训练师组成的专业协会。该协会位于南卡罗来纳州，成立于1993年，是行业培训与知识交流性质的论坛。该协会有5名员工，为全世界6000多名会员提供服务，其理事会设有5名成员，负责协会的管理。

理事会最近一次会议由2名老成员和3名新晋成员参加。会议开始时，除了例行讨论理事会角色和责任这些问题外，理事会还关注到了团队发展的问题。这一问题涉及每位成员的性格偏好和思维模式。通过NBI评估，理事会成员对个体和集体的思维偏好有了更深入的了解，具体可划分为：左脑思维、右脑思维、全脑思维、直觉式思维、分析式思维、细节式思维和/或全局式思维。

建导者帮助每个人查看自己的测试结果并在理事会中分享自己的信息。随后，该理事会建立起一份团体思维档案，使每位理事都了解集体强项和偏好。围绕集体强项和偏好展开的会谈起到了立竿见影的效果，该组织开放性马上得以大大提高，组织成员间开始互通有无。

随后，该理事会继续召集会议讨论其业务日程，并在次日会议中讨论了几项关于项目战略的问题。讨论围绕是否上马某业务线的问题展开：该业务线得到协会部分会员的支持，但同协会未来的发展方向不合。会议波澜不惊地进行，直到一位理事突然说："我感觉我们应该放弃这项业务。"

他的话使每个人都抬头四顾。随即，理事们开始纷纷表达类似的观点，会议很快便达成了共识。会议没有花大量时间去讨论多种方案、各种赞同与反对意见或利弊问题。会议中也没人质疑数据的充分性。所有与会成员在开会之前都已充分阅读了背景材料。但当讨论一开始，理事们很快同时发现了那条正确的道路。他们在决策过程中实现了共同直觉，并对过程和结果都很满意。没人有任何妥协、和解或失败的感觉。

南希·亚历山大是一名位于康涅狄格州的创意行动有限责任公司的高级顾问，她是这样描述通过共同直觉做决策的："当一家组织机构通过共同直觉做出一项决定时，会议室中会有一种明显的感觉，即使对于该如何实施该项决定仍存有一些问题，但与会成员会感到一种集体的平和与宁静；更重要的是，他们会感到相互间心意相通。大家会感到事情被'解决'了，但并不是觉得'解决'了一些不太可能的事，事实上，是觉得比想象的更易解决。做出的决定不会让人有妥协之感，即一种不满和疏离情绪。你能感觉到，会议室中的每个人都与组织共同的价值观、目标和优先事项联系在一起，并且尊重这些决定，而不仅仅是将其看作个人日程表上必须完成的一项任务。"

根据所做决策，APDT 协会理事会开始讨论指导员工及委员会实施决策的准则。有理事从政治、财政和沟通等方面表达了对决策本身的担忧。然而会议室中时间一分一秒地过去，随着各观点的提出，理事会成员对该决策的支持度越来越高。理事会成员中有一位是宠物感染防控委员会的联络官，她同时还负责向协会下达理事会决议。她的担忧并非针对该决策，而是关于如何向协会下达决策。虽然她是第一次参加理事会议，但在会议室她感受到了充分的信任，并且愿意将自己的担心陈述出来。理事会也理解并重视她的想法，并向她保证会全力支持她下达理事会决策的工作。

此次会议并不像一般会议那样先是各方进行辩论，继而分别投票，而是充分对话、达成共识。因此，理事们在讨论结束后都充满了认同感和满足感。决议最终下达给协会会员后，理事们也都表现出支持的态度。

会议初期，理事们审阅了该协会的战略规划，重申了协会的宗旨、价值观以及未来愿景。有关协会宗旨的讨论使大家重新认识了协会的主要任务。在做出纲领性决策后，理事们指出：此前对协会宗旨的清晰界定影响深远，具有重大的指导性意义，它帮助理事会快速凭直觉针对该具体业务线做出决定。该业务线与协会的中心工作及使命息息相关。

在该案例中，共同直觉的力量显而易见的。理事会成员和员工更清楚地了解协会宗旨并为其努力。他们在协会原则方面达成了共识，包括信念、价值观和设想，他们还共同对该协会的未来作了展望，即组织在充分发挥其潜能的条件下，可能取得的成绩。

这些讨论使他们拥有了共同的视角，从而使讨论更为集中、高效。会议初期进行的思维偏好评估让理事们作为个体有机会深入了解并彼此理解，帮助他们彼此之间快速建立起更深层次的信任和理解。

正是由于人数少，由 5 人组成的该理事会比 20 人或以上的理事会能更快达到这种层次的相互理解。APDT 协会理事会每季度进行一次面对面交谈，且经常举行电话会议。而许多协会理事会的成员却无法抽出这么多的时间进行会谈。但成员会面的次数和理事会的规模并不是实现共同直觉的最重要的因素。较之更重要的是个体间更深层次的相互理解，高度的信任感，对协会宗旨、价值观和未来愿景的共同关注，以及支持性的理事会文化。无论规模大小，理事会都能够而且应该朝这些目标发展。

许多协会在发展积极的管理文化方面取得了长足进展。通过长年的积累和多任领导者的领导，协会文化得以延续。一些理事会甚至相信，在发展管理文化方面他们已做到极致，每任新领导者要做的仅仅只是维持这种成功的管理文化即可。

但我们认为，这些理事会下一步应该培养共同直觉，这是他们可以为之努力的方向。

运用共同直觉并不意味着不需要有效的数据收集和分析、知识共享和扩展对话。在涉及协会管理的重大决策问题时，理事会仍需要背景知识和洞察力，员工也必须整合所有能力提供知识和见解。同时，理事会成员间仍需要保持对话，加深彼此间的理解，以减少恐惧和担忧情绪，并确保所有成员的思维之间不发生冲突。理事会和协会领导团队仍需要开展合作式对话。不过通过共同直觉做出的决策可能会让领导团队更有效率地进行真正的共同创造，并对决策过程和决策结果全身心投入。

共同直觉不是群体盲思

共同直觉不是群体盲思。心理学家欧文·詹尼斯在其著作《群体盲思的受害者——外交政策决策和失败的心理学分析》（1972）中创造了“群体盲思”这一词。该词被定义为：“群体推理或决策的行为和实践，尤其以不加鉴别地接受或遵从主流观点为特点。”当迎合整个组织的压力干扰到组织对问题的分析，最终导致群体决策效果不佳时，就会产生群体盲思。个体在追求组织凝聚力时会丧失创造性、独特性以及独立思考的能力；当然，群体决策有时也会有优势，比如可以整合不同的理念、知识和经验来解决问题。群体盲思也指群体服从有权力、有魄力的领导者的倾向。

群体盲思这一概念较好地解释了团体（和理事会）有时决策效果不理想的问题。的确，比起个体，团体在制定复杂决策方面可以做得更好，因为团体可通过讨论吸纳不同的见解。团体成员（包括协会理事会）不仅能将新的观念带到讨论中，而且还能发挥纠错机制的作用。若理事会在讨论时的氛围比较“健康”，成员间便可相互提问，以便更好地了解各项数据和不同的见解，且不会导致人际关系紧张或造成人身攻击。

团体也可以为新理念提供社会支持，这对新理念的萌生至关重要。在顶尖的协会中，理事会成员在催生且保护新理念方面发挥着重要作用。然而一旦新观念遭到错误摒弃，将很难再纠正。若团体的社会支持用于支持团体中阻碍变化或创新的“传统思想”，则使团体决策比个人决策更为有效的元素就会产生反作用，导致团体最终做出较差的决策。

不过，如果结合本书介绍的其他能力，共同直觉就不会导致群体盲思。群体盲思的定义是接受或迎合主流观点，但共同直觉若同思想多元化、提出强有力的问题、360 度思维等能力一起训练，就能保证无论该组织机构需要进行多少次对话，都可以在对话过程中产生丰富多样的创意和见解。

共同直觉鼓励多元化思维，其最终结果不是表面化的、政治式的服从，而是通过合作达成的共识。这种共识来自于对相关数据和观点的集体处理，对共同价值观更深层次的阐释和拥护，以及对最终决定的满足。

例如，理事会讨论政策定位时需要了解所有相关的数据和选择。按照很多理事会都比较熟悉的流程，这样的讨论一开始是对数据的澄清，确保每个人对当前讨论的问题都有基本一致的了解。

随后讨论会分析目前可能的选择。不过这一项也可能包括在背景材料中，与会成员在会议开始前就已经审阅过。

接下来的步骤会变得较为复杂。尽管一些理事会采用开放式的讨论，但会议最后仍以投票方式来决策，最终得票多的一方取胜。其他一些理事会会调查每个成员的想法，了解他们的关注点以及他们的“底线”是什么，然后做出一个不得罪人的折中决定。

有的理事会可能会施加压力让成员服从（正如“群体盲思”所述）。某个理事会采用一项简单的团体处理机制，即在最终投票前进行一次意见调查。如果成员持完全同意的态度，一定会投支持票，那么就向上伸出大拇指。如果对决定表示支持，但仍保留个人意见，就向两侧伸出大拇指。如果对决定表示强烈的担忧，完全不会投支持票，那么就向下伸出大拇指。

这种“伸大拇指”的方法看起来是行之有效的组织决策机制，然而如若没有组织成员间的通力协作，就可能导致群体盲思。

然而，有些理事会会强制“向下伸大拇指”的成员改变自己的投票，且不单单只是改为保留意见票，而是改成赞成票。换句话说，与会成员会受到“一定要达成单边、无异议的共识”的压力。这样做可能会达成决议并促使会议继续进行，但对决定仍有合理担忧的成员会感觉自己的权利受到剥夺。我们真的需要这样一个一贯达成一致决定的理事会吗？

对理事会来说更好的方法应该是允许其成员投保留意见票，以此保证每个理事会成员的权利并照顾他们的心理，使他们未来能提出引发丰富讨论和促进集体决策的议题。我们相信只有这样才能让个人价值观和直觉在决策过程中发挥重要作用。通过施压让理事会达成全体一致的共识会使得其成员不敢提出内心的真实想法。

根据共同直觉做出的决定可能有数据讨论和对可选方案潜在危险和顾虑的评估，但没有通过对成员施压强迫其达成的共识。随着理事会成员之间进一步的共同理解，他们甚至能预测彼此的顾虑，并站在对方的立场解决此问题。在之前，要达到这种共识需要进行多次对话，做出很多妥协。

高度的直觉能帮助协会领导者发展 360 度思维。从直觉意识层面来说，协会领导者需要开发和培养其直觉以明白需要注意什么以及重点在何处。那么，协会领导者如何才能更好地感知哪些是关注的重点呢？一位领导者曾告诉我们，光凭数据不足以制定战略。

高度的直觉还能协助协会领导者建立筛选框架，通过这种框架来审视该组织及其数据。我们称这些框架为“过滤器”（见最后一章）。鲍尔曼和迪尔在《重构组织》（1991）一书中对框架的定义为“……既是反映世界的窗户，又是聚焦世界的透镜。筛选框架能筛除掉部分东西，同时让其他东西轻易通过。它帮助我们整理经验，决定采取何种行动。”

培养高度的直觉很重要，因为它帮助我们了解应该收集何种数据，如何解释数据，如何从数据中提取意义，如何更深入地理解数据。通过增强直觉意识以及共同直觉，协会领导者便能更好地整合各种数据、促进因素和信息。

线性的、数据驱动型的决策必须由整体性、关联性、直觉性的思维所取代。

萨德勒－史密斯和谢费在“直觉性管理者——在决策过程中理解和运用‘本能’”（《管理者学刊》2004 年第 18 卷第 4 期）一文中指出，工作环境和组织文化对直觉性决策的运用可能起促进作用，也可能起阻碍作用。“由此而生的危险就是：如果直觉不断被压制，它可能会停止发挥作用或被隐藏起来。”

伯克和米勒在“剥去直觉性决策的神秘外衣”（《管理者学刊》1999 年第 13 卷第 4 期）一文中鼓励组织建立有利于直觉性决策的文化。“如果一个组织的工作环境、领导班子、政治环境和社会化过程不支持直觉的运用，那么许多员工就只会依靠客观方法和从个人经历中学到的不完整经验来进行决策。”

直觉的运用仍有争议

我们必须承认，直觉在决策过程中的作用仍具有争议性。埃里克·博纳博于 2003 年 5 月在《哈佛商业评论》期刊上发表“不要相信你的本能”一文。他在文中指出：“直觉脱离了严格的分析，是一种不稳定、不可靠的向导——它可以引领人们走向成功，但同样也可以让人陷入灾难。有人认为，直觉在具有高度复杂性和变化性的环境中会更有价值，但事实却完全相反。”

直觉性决策可能导致错误。直觉性决策的过程可能会使个人或组织机构忽视其他可能的方案，从而错过更佳选择。但即使在数据驱动型的决策过程中，领导者获取的信息也可能是不准确或不完整的，且偏见可能会凌驾于事实之上。

行事果断、善用直觉的商界领导人常常透露着神秘性。通用电气公司前首席执行官杰克·韦尔奇在其自传《杰克·韦尔奇自传》（2001）中将其在美国通用电气公司中成功的关键归功于自己果断的决策。

上百次的经验让我明白，我很少因某个行动而后悔，却常常因行动得不够迅速而后悔。我几乎不记得我说过："真希望自己能再花六个月的时间去研究一下再做决定"。我认为对人，对工厂，对投资的果断行动是我一开始就在通用电气公司脱颖而出的原因之一。然而40年后我退休之时，我最大的遗憾之一就是在许多场合还行动得不够快。我在内心问自己："有多少次在我做出决定前本应该再拖延一些时日？""有多少次我希望自己做出这个决定时再快点？"两者相比较，我发现几乎每次第二个问题都毫无疑问地占了上风。

在《直觉的力量——如何利用直觉更好地在工作中决策》(2004)一书中，加里·克莱因反思了直觉在决策过程中扮演的角色，并指出了下列可能出现的问题：

- 有缺陷的直觉。直觉决策基于过去经历的模式，往往会对可能是不准确、不充分、不可靠或不完整的信息反应迅速。
- 短期情绪偏见。认知研究表明，即使行业专家也可能在决策时受到无关情绪的影响。
- 对其他可选方案的考虑不充分。直觉一般依赖于模式识别，会倾向于在当前模式下效果不错的解决方案。这会限制可考虑方案的范围，甚至当面临新情况，需要使用新的或独特的方案做出新决定时，也难以跳出原思维。
- 偏见。情绪帮助我们形成直觉，同时也可能会使有问题的经历凌驾在充分合理的事实和证据之上。
- 缺乏开放性。每个人都有不同的阅历，这为他们展现其直觉提供了一个平台。如果一个人的直觉让人难以捉摸，那么他便难以在组织环境中发挥其直觉。
- 运用不当。在某一领域具有良好的经验、专长和直觉的人会自信过度，继而将直觉运用到自己不熟悉或与当前职业不相关的领域。"运用不当"的情形还包括运用与当前决策环境不相符的"经验法则"。

马尔科姆·格拉德威尔在 www.Gladwell.com 上传了一篇博客文章，名为“《眨眼之间》到底在讲什么？”他在文中指出，虽然提升自身的直觉能力极具价值，但我们仍“对这种天生的快速认知方式持怀疑态度。我们生活的世界认为，一项决策的质量同做出该决策所耗费的时间和精力是紧密相关的。”格拉德威尔甚至表达了对使用“直觉”一词的担忧，但他仍然赞同培养人们快速认知能力的需要。

> 你可以说《眨眼之间》是一本关于直觉的书，只是我不喜欢“直觉”一词。事实上，这个词从没有在《眨眼之间》一书中出现过。直觉给我的感觉是用来描述情绪反应和本能感受的概念——是种完全非理性的想法和印象。然而我认为人在最开始2秒钟的反应绝对是理性的。它应该是一种思考——不过这种思考的速度更快，通过一种更神秘的方式进行着。而我们一般将“思考”同审慎的、有意识的决策联系起来。在《眨眼之间》一书中我试图去理解最初的那两秒钟。在进行这种快速认知时我们脑子里的活动是怎么样的？当我们判断什么是好的，什么是不好的时候，头脑中又经历着什么样的变化？有什么方法能让我们进行快速认知的能力更强？

领导者如何提升共同直觉能力

沟通是培养强烈的共同心智模型的必要手段，因此理事会在寻求发展共同直觉的过程中需要加强其基本沟通技巧，如积极倾听、对话以及通过对事不对人的方式来清晰地阐述个人观点。

一旦具备了这些沟通技巧，理事会就可以开始学习通过对话来考量各设想，并加深成员对彼此的观点、作用和经历的理解。基于这种理解，成员们开始制定制度规范，并建立起全体认可、全员践行的价值观。他们还会制定并实施交流常规以支持并改善现有的沟通渠道。

首先，理事会需要加强相互信任。琼·弗兰克尔、保罗·梅耶和格伦·特克在《实现有效管理的决心》(2002)一书中指出有三个要素对于培养和维持信任文化必要：集体需对成功的定义达成共识；自由获取信息；领导团队成员对搭档的能力和贡献要有信心。理事会要培养和训练共同直觉，这三项要素同样不可缺少。许多组织机构为建立持续的信任文化已经奋斗多年，这对协会来说是件好事。许多理事会努力了解决策的相关风险。数据主导型和知识主导型的管理与决策方式使得许多理事会可以发现影响决策的各种不同因素并对其进行分析；确定是否有遗漏或不确定的数据的过程也有助于协会充分了解和管理风险。将这种能力发展为共同直觉的一部分是许多理事会下一阶段的任务。

辨别什么时候可以根据直觉进行决策是一种较新的能力，目前具备这种能力的理事会还不多。许多团体仍不愿接受模糊性，仍对风险深感担忧，并不总是情愿在没有硬数据支持的情况下采取行动。

有些理事会在培养共同直觉时需要跳出固有思路。这就要求理事会增强对不确定性因素的容忍度，在面对多种解决方案时仍能集中注意力，在没有经验的情况下也能对自己的行为有信心，以及在较短的时间内也能从容行动。对协会来说，无论是广义的商业界还是其所在的专业领域和相关重点领域，周围的环境都在不断变化，也在不断产生大量需要分析的信息，硬数据不可能是对不确定未来进行预测的唯一信息来源。未来对共同直觉的需求将会增加。

我们发现，已培养起共同直觉的理事会在以下个人或群体能力方面得以提高，从而优化其了决策过程。

- **更有效地倾听**。倾听技巧的提升将确保共同决策过程中参与者可以考虑到更多有关当前形势的信息。在信息越充分的模式中，就越有可能利用直觉提出契合当前问题、挑战或机遇的方案；领导者越能有效地倾听，就能获取越多的信息。任何参加过沟通技巧训练的人都清楚倾听的重要性，然而真正能践行好这项技能的人并不多。倾听技巧对提高理事会的运作效率来说很重要；而它对共同直觉决策来说是必不可少的。第四章论述了六种新能力之一——提出有力的问题，而强化倾听技能是该能力中很重要的一部分。理事会和员工提升倾听技巧不仅能更好地联结彼此间的直觉，而且还可以将本书中提及的所有能力和组织基础付诸实践。如同领导者需要培养上述技能一样，发展共同直觉常常也需要一个可以用“第三只”耳朵来倾听的中间人的帮助，比如建导者。

- **学会识别和解读情绪**。本章在前面部分论述过情商的必要性。情商即能感知和理解自身以及他人情绪的能力。情绪是先前模式和经历的信号。学会了解情绪带来的暗示和情绪的可靠性可提升个人决定何时依靠直觉的能力，协会领导者也需要这些技能来培养共同直觉。
- **沟通**。直觉背后的理性需要通过高效的沟通、讨论和理解来充分发掘。不进行公开讨论最终会使决策的接受度和影响力减弱。理事会必须建立一种能够确保彼此之间的交流开放、坦诚、持续进行的管理文化。由于共同直觉需要高度的信任感，理事会成员间开放的交流至关重要。每位成员都应以这种方式进行高效决策，不应有例外。
- **考察潜在设想**。在任何决策中，群体或个人的潜在设想都可能是其中一个要素。共同直觉需要识别群体中的各种设想，并通过一定的讨论对其进行审查。这些设想是否建立在可靠的事实和证据的基础上？过去的模式是否表明了其可行性？理事会需要在利用共同直觉进行决策的过程中来探讨这些问题。领导者对特定情形下的个人设想进行识别的能力会直接影响到他们接受改变和带领他人进行改变的程度。第六章将进一步探讨该问题。
- **时间允许的情况下采用更简短但结构化的机制**。这一机制可以为我们提供一个框架，从之前的决策中学习和获取经验，并避免产生仅仅使用直觉会犯的错误。共同直觉的非正式性有时会带来一种风险，使得决策过程几乎变成是非正式的谈话，而非正式的思考。使用简短、中心明确的讨论指南（例如第三章所列举的动态决策过程）对理事会具有极大的价值。

- **增加经验**。领导者、理事会、群体和团队需要不断尝试新事物以便学习和成长。对模式的识别来自于经验。丰富的经历可以创造和塑造出成功的模式并在个人和群体中培养出更好的直觉。
- **创造正确的学习环境和文化**。提升直觉决策能力的方法就是做更多决策——其中一些决策可能具有更大的风险。对风险的承受力和/或对错误的接受度更高的组织文化可以保证个人和组织审议决策时不损伤决策制定者的荣誉和尊严，并能做出更好的直觉选择。

强烈的直觉不应成为“万能药”，不应在任何决策过程中都使用；直觉需要与数据或其他信息之间保持平衡。但它具有巨大的潜力，能帮助个人和组织机构面对更加复杂的世界做出更好的决策。

思考题——强烈的直觉

- 我对自己的直觉了解多少？
- 思考或决策过程中什么时候该听从直觉？
- 进行决策时，我是否了解或聆听了自己对所处理问题的感觉？
- 对于所处理的问题，我的表现出的本能是什么？
- 我的本能是如何影响我对所处理问题的看法的？
- 我对自己的情商了解有多少？
- 我们所在组织的团体是如何培养共同直觉的？
- 如何避免我们的理事会陷入“群体盲思”或隧道视野？
- 我怎样才能改善我们理事会或组织的直觉机制？

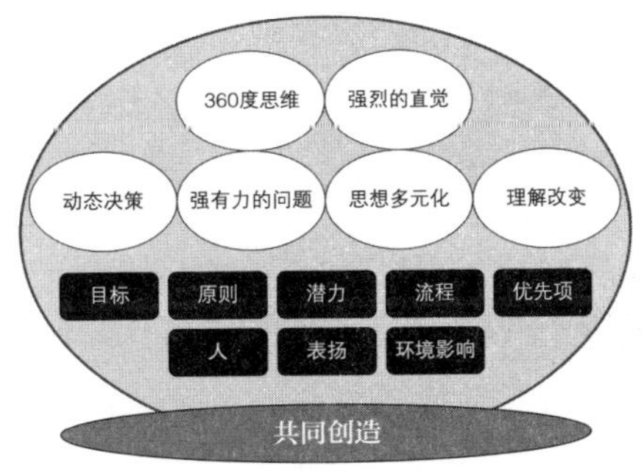

第三章　动态决策

传统的理事会议程正在发生改变。长期以来，协会一直倡导进行数据驱动或基于知识的决策。事实上，许多组织已经陷于数据大潮中。领导需要做的决定十分复杂且数量繁多，因此无论对领导者个人来说还是对领导小组来说，都不可能对所有可用信息有一个全面的理解并进行处理。坦白地说，很多情况下我们没有足够的时间、资源和财力去获取合理决策所需的全部数据信息。我们了解到，很多协会理事会在决策时都会感到信息永远不够用。此外，现在理事会的会议时长越来越短、时间越来越不够用，而理事会日程表上充斥着各种复杂的战略问题，这些问题需要对数据、信息、反馈和想法加以理解和整合。

新决策方法案例

企业界许多组织机构通过“理性决策方法”将数据驱动决策的方式制度

化。此举深受诺贝尔奖得主赫伯特·西蒙的影响。在其著作《人类、社会和理性模型——社会环境中人类理性行为的数学研究》(1957)中，赫伯特·西蒙提出了有限理性的概念。有限理性是指：在决策过程中个人的理性是有限的，受其所获信息、认知限度、决策时限所限制，被视为决策模式的一种数学模型基础。有限理性旨在基于仔细评估备选行动方案的基础上做出最佳决策，它将决策过程视为一系列的活动——发现问题、描述和评估备选方案、选择较满意的方案，最后实施。

然而西蒙还指出，有限理性模型认为人们在做决定时不可能理解和分析全部的潜在相关信息。面对复杂的世界，唯一可能的解决方法便是研发技术、培养习惯和建立标准操作程序来促进决策制定。有限理性并不是说如果人们获得更多的或不同的信息，其所作决定可能就会不同，而是说即使人们掌握了所有信息也不可能对其全部处理。

M. J. 丘奇在其著作《直觉、领导和决策——现象分析》(2005)中曾提到:“如今高效化、高科技和全球化的职场要求快速做出决策，长时间的深思熟虑以及传统的科学管理式策略已不再适用。”正如本书上一章所述，曾经仅凭直觉进行决策的领导充满了魅力和神秘性。例如，本田进军美国汽车市场，雷·克拉克收购了麦当劳兄弟的麦当劳品牌，鲍勃·鲁兹决定研发道奇蝰蛇车系。2005 年米勒和爱尔兰在《管理者学刊》期刊第 19 卷第 1 期发表了“战略决策中的直觉——在 21 世纪的高速时代是敌是友?”一文。文中指出许多学者、商业作家和管理者都“把直觉视为有效战略决策的关键因素”，他们还指出:“已有诸多利用直觉进行决策的成功案例。根据常识也可以看出，直觉在时代变迁中是必不可少的，21 世纪的快节奏时代也将越来越多地利用直觉进行决策。”

未来，理事会处理大量数据并有效及时地进行决策的能力必将发生质的飞跃。那么直觉决策在协会中应该扮演什么角色呢？协会领导者是否应该继续依赖数据驱动方式进行决策？鉴于理事会进行战略对话的时间总是不足，理事会成员又将如何在日益复杂的问题上达成一致呢？

协会领导者在未来进行决策时会更需要在数据、直觉和价值观之间保持适度的、可靠的平衡。强烈直觉已被视为一项基本领导能力，人们逐渐意识到有必要把直觉融入组织决策过程，以帮助协会发展超越数据驱动型的决策方式。本章将探索与数据相结合的直觉如何在灵活的动态决策模型中发挥作用。

微妙的平衡

决策中究竟是使用数据还是直觉？这并不是一个非此即彼的问题。理事会在决策时必须学会灵活地使用两者。约翰·埃迪在其论文“直觉和领导——明智决策的艺术”（2014）中指出：如果能更好地平衡使用直觉和理性，就会取得最高效的决策结果。“开发直觉并不意味着要丢掉逻辑思考的各种优点；恰恰相反，此举旨在使决策更为全面，把直觉和对现实的感知同时融入决策过程中。”

在决策过程中，如果组织中的成员几乎同时意识到什么是正确的选择，且对该选择达成一致共识，很明显这就是共同直觉。然而，在其他情况下，则需要对数据进行仔细分析。在决策时过于依赖直觉可能会和纯粹依靠数据一样有问题。因此，就需要达成一种微妙的平衡。

如果能在决策中以直觉平衡数据，领导者和组织将会从此种决策模型中受益匪浅，会使得决策过程更为高效。协会及其所处环境日益复杂，因此要求各级领导者在决策过程中减少对纯数据的依赖，转而更多运用直觉、价值观和共同信念等。动态决策模型有助于领导者在数据和直觉之间、在快速和慎重之间无缝转换。

动态决策是统计学和感觉、研究与本能反应、信息与直觉的结合，是在组织目的和原则的基础上感觉正确与事实支持的结合。动态决策把数据和感觉融为一体。每个领导者都清楚，决策必须基于事实。同时，最能干的领导者还会清楚这并不只是一个等式，也并非只关乎是否做出正确决定，而是在过程中如何与正确的人在正确的时间做出合理而又正确的决定。动态决策最终会使该决策得以更好地执行和完成，并给予组织机构成员、利益相关者和其他相关人员更大的选择权，因为领导者的热情和信念在动态决策过程中表露无遗并且这种情绪会传染给大家。

动态决策模型

制定决策的过程就是领导者或领导团队为了某个最终决定而做出一系列决定的过程。图 2 展示了动态决策模型，它不仅为决策过程中直觉和数据的融合提供了一个框架，还从认知角度解释了决策是如何做出的。

决策是一个多阶段的过程，当领导者（或领导小组）意识到需要进行决策时，该领导者（或领导小组）立即就面临着关于如何做出决定的一系列子决定。这些子决定构成了一个关于最终决定的元决定。子决定包括：

- 何时做决策？（应该推迟决策吗？）
- 应该和他人一起决策还是让领导者或领导小组单独决策？

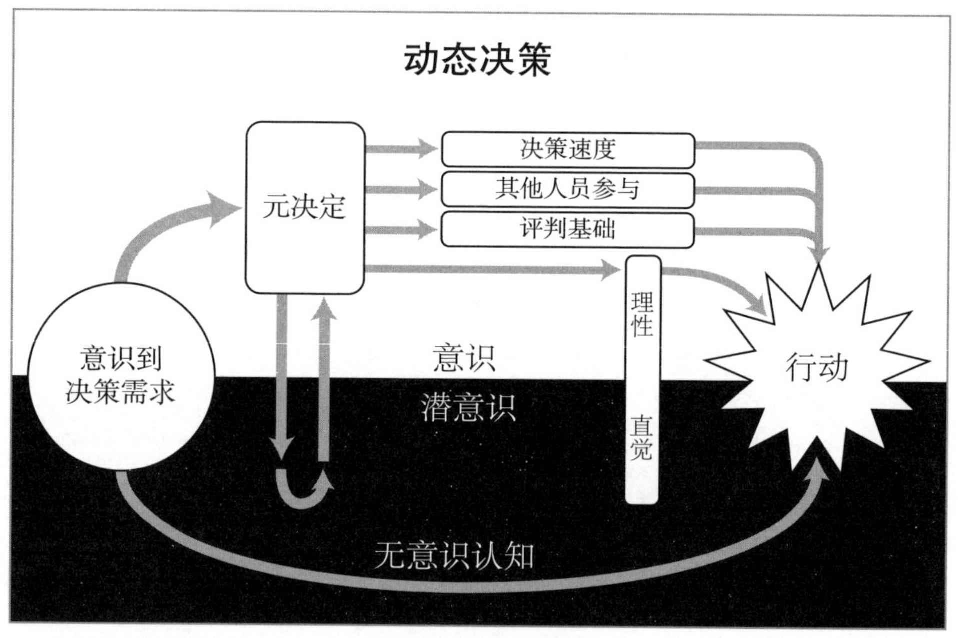

图 2　动态决策模型

- 决策时会用到哪些准则、价值观或标准？
- 决策应该仅靠直觉还是仅靠理性，或者是两者兼具？

关于决策的元决定分析可为协会理事会提供一套指导方针。任何关键决策的制定都需要理事会考虑时限、其他利益相关者的参与和价值观过滤器等问题。若决策时间不紧迫，理事会可能希望其他利益相关者也参与或根据组织的共同原则对决策仔细审视一遍。

前三种子决定影响着第四种，即选择使用直觉、理性还是两者兼具的决策方法。若决策时间仓促，就可能没有时间收集足够的数据进行理性决策。当出现紧急事件亟待解决时，理事会可能会需要立即决定而非先召开理事会议再做决定。

动态决策中暗含着两个重要的设想：①基于决策自身因素，需要改变决策方式（变得更为动态化）；②多数领导都先入为主，倾向于以自己喜欢的方式进行决策。因此，他们需要了解自己的倾向，学会适当调整以适应每个决策的不同需求（调整地更为动态化）。

有趣的是，领导者（和领导小组）往往对元决定中的子决定制定有着先入为主的倾向。部分领导喜欢快速决策。麦克诺特访问过的某企业领导提出他比较倾向于快速决策；他觉得快速决策会让他感到舒服。但他说他老板时常会有意拖着他。他解释说："按我老板的话说，他要去'彻夜思考'，他的意思就是这事得先放放。"

同样，领导者对决策过程中的人员参与度也有自己的偏好。一些领导者自视为"独行侠"，而另外一些则自认为是啦啦队队长，鼓励他人参与决策并达成共识。而且，每个决策的不同需求和条件以及不同的协会文化也决定了领导者在决策过程中的包容度。如果某一决策需要得到他人的支持，或者要求他人承认该决策以得到他们的支持，领导者可能需要调整自己传统的决策风格，让其他人参与。总之，领导者必须具备灵活性，以适应每种情况的不同需求。

大量的研究表明，我们需要动态、灵活、全面、结合了事实和直觉的决策方式。萨德勒－史密斯和谢费在其合作文章"直觉型管理者——在决策中理解并运用‘本能感觉’”（2004）中指出，直觉和理性分析并非相对而立，而是相互平行的两种认知体系。“理性和直觉体系之间不是不可逾越的，其挑战在于如何将直觉和理性结合起来使用以便于合理使用直觉判断。”

赫伯特·西蒙在其著作《管理行为——管理组织的决策过程研究》（1997）中指出，不同的决策过程中，直觉和理性的结合方式也各不相同。“……决策风格的连续性涉及这两种技能的密切结合。我们可能还会发现，待解决问题的本质将决定着如何将直觉和理性结合最为有效。”

萨德勒－史密斯采用了“视情况而定”这一术语，并指出决定使用何种决策模式的能力非常重要。“就现实生活中制定决策和解决问题而言，最重要的技能是能够判断何时应该使用理性分析，何时应该使用直觉分析。”图3展示了动态决策过程中定量和定性信息的类型。

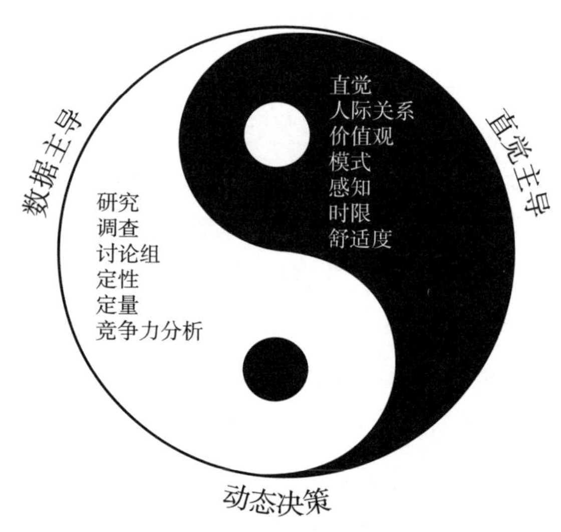

图3　数据和直觉来源

图中左边为数据主导型决策的组成因素和信息资源，例如研究、调查、讨论组、定量数据、竞争力分析、财务分析和其他数据资料。右边为无形的直觉化因素，包括他人通过人际关系、时限、模式、感知、原则和价值观等做出的反馈。

使用直觉决策的时机

研究人员德鲁里和柯苏普乐斯在其文章“你还相信七大致命‘神话’吗？”(《管理咨询》，2005 年 3 月）中探讨了七大致命“神话”中的两个，即“信息越多，决策越佳”和“理性可以解决一切问题”。说到后者，他们认为：有时候理性决策可能不是最合理的方案。“一个团体在做决策时，人们各自不同的价值观、选择以及期待相互交叉，会让整个决策过程变得不那么理性。但这种‘不理性’的决策过程通常最为有效，因为它会最大化地激发人们的积极性和承诺。”

我们发现那些在迈尔斯 - 布里格斯类型指标（MBTI）中倾向于“F”（情感）的领导者，在制定决策时往往更强调价值观和对人们产生的影响。此类领导很可能不需要考虑逻辑理性就可以决定某些事情是否可接受或认同。

格拉德威尔在其著作《眨眼之间》(2005）中指出，在简单的问题上进行反复推敲可能是最好的，但“当我们面对诸多变量时，利用潜意识思考可能更好”。

我们并非在鼓吹放弃利用数据进行决策的方法。简言之，简单决策的制定可以而且应该主要以知识为基础。然而，我们发现问题越复杂，决定就越难，在决策过程中使用直觉就越重要。有时，借助直觉可以删繁就简，帮助组织更快地达成重要共识。

如果速度对成功至关重要，这种情况下就必须更多地依靠直觉进行决策。战争或急救时所做的决定是在广泛训练的基础上形成的，这些训练有助于建立经验模式，从而提升直觉，推动决策的制定。当组织所在行业或其专业领域内突发危机时，理事会往往会面临关键性抉择。例如，当协会需要对新法令、领导死亡等突发事件或组织成员的公开丑闻发表公开声明时，就必须快速做出反应。

案例分析：动态决策的使用

国际建筑物业主与管理者协会（BOMA）佐治亚分会是一家为商业地产从业人员服务的贸易协会，该协会正考虑举办一个培训大会，重点讨论环境的可持续发展问题。协会理事会首先评估了该项目是否有违协会的核心宗旨、原则（共同价值观）和当前优先项。该评估工作是理事会会议日程中最重要的优先项，是会议集中讨论的重点。在战略对话过程中，理事会成员和员工平等地进行了对话并达成了共识：召开环境可持续发展问题会议与协会的宗旨、原则一致，且符合协会当前的优先项——对协会会员进行培训并为其提供最先进的信息。

理事会主席和协会主席提出了以下问题：

- 为达成此决策，我们还需要什么其他信息？
- 我们何时做出最终决定？
- 谁负责做最终决策？
- 我们应当遵循何种程序以确保理由正当且决策正确？

为做出最终决定，理事会在会议上达成共识：首先对市场上已有的类似竞争性项目、协会会员的需求和协会发展此项目的能力进行调研，3个月后再召开理事会，做出最终决定。由于时间紧迫，理事会把调研任务分配给了专职工作人员而非委员会或特别工作小组。为了做出最终决定，理事会决定下次例会主要对获得的数据进行分析，若同意执行该项目，则理事会继续探讨项目开发的可选方案。接下来的3个月，协会专职工作人员进行了广泛的市场分析、员工调查，并评估了该项目对专职工作人员和志愿会员将产生的影响。除了此类定量分析外，协会会长和理事会成员在与会员的谈话中还提到新的创意来衡量其成员的反应。领导者在这样的对话过程中不断进行探索和研究。

调研发现，市场上关于环境可持续发展的项目层出不穷，围绕该话题的长达数日的会议数量也日益增加。然而，调研还发现该协会所在行业内的此类培训项目却很少，而能持续数日的此类会议根本就没有。而且调查还发现，协会会员非常愿意参加此类专门探讨业内环境可持续发展问题的会议。协会会员在对话中也佐证了这种定量数据。因此，理事会成员和员工都开始认识到针对员工需求的环境可持续发展问题会议是有市场需求的，而且会取得成功。

最后，协会专职工作人员对该协会召开新会议的能力进行了内部评估。评估内容包括员工能力、志愿者能力和财务问题。上一财政年，该协会对其主要项目进行了评估，理事会决定终止其中两项。因此，该协会有能力召开新的研讨会。财务分析也表明该协会有财力开展这一新项目。

接下来的会议中，理事会主席和协会会长提出了几个问题供大家讨论。理事会不仅分析了所获得的数据，还进一步提出了诸多问题，例如：

- 数据分析结果如何?
- 从与会员的交谈中，我们发现了什么?
- 数据如何与我们通过交谈发现的相符?

理事会通过交谈发现，所获数据信息得到轶事证据的证实。他们由此达成了一致意见，决定协会应该开发新项目。此次决策过程中，理事会利用了定量和定性两方面数据，进行了动态决策。

在决定会期时，直觉起到了更重要的作用。理事会一致认为要想完成这件好事并成为市场上的首创，时间太过于紧迫。因此理事会组建了一支由会员和员工组成的工作组，由该小组在 6 个月内负责计划、开发、营销和制定该项目。

因为想要创造业内首例，即使时间紧迫，协会专职工作人员和会员仍以饱满的热情应对挑战。该协会不仅实现了目标，而且超出了预期。会议不仅按期召开，而且座无虚席。自此之后，每年一度的会议不仅在出席率、收益方面惊喜不断，最重要的是创造了员工价值。

动态决策过程中，协会领导者能利用所知的可用数据、直觉、头脑分析、价值观、模式识别及其他无形因素在决策中达到合理平衡。

思考题——动态决策

- 今日作为领导，我该如何决策?
- 决策时直觉能起到什么作用?
- 数据发挥着什么作用?
- 应该如何平衡直觉和数据?
- 今日我所在的协会理事会常怎样进行决策?
- 如果我所在的组织将直觉应用到决策中，会产生什么样的结果?
- 有何好处?
- 有何风险?

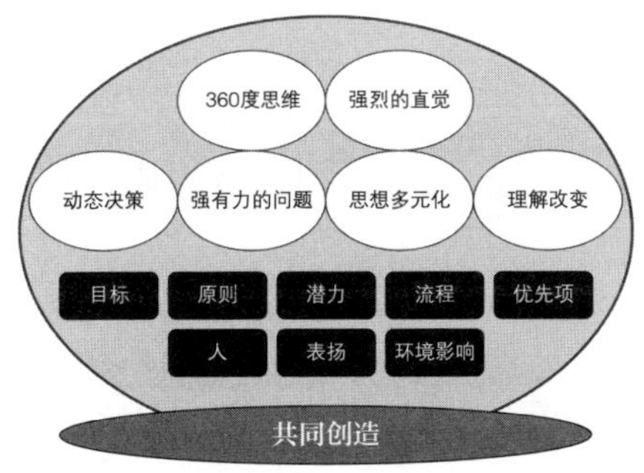

第四章　强有力的问题

“知道该问什么问题，且知道发问的时机”是协会领导者必备的重要能力之一。但提出问题并积极倾听别人的回答，这项能力有时连优秀的领导者也可能会忽视。领导者面对所有的答案有时会感到压力。有的领导者喜欢简单的封闭式问题，避免冗长的对话。不幸的是，协会所面临的问题是无法仅仅通过简单的问答来解决的。

协会领导者必须明白怎么发问，以及怎么听取反馈才能提高效率。如果提出的问题直接明了，则反馈效果就会强力有效；反之，则差强人意。积极的倾听则可以为信息流增加更多富有远见的观点，从而让领导者做出更好的决策，赢得更多的信任。积极的倾听以及强有力的问题可使一些禁忌性的话题放到台面，妥善处理，最终得以解决。

强有力的问题指的是开放式的、无特定指向性的问题，提问者脑中没有既定的答案。进一步来讲，提出一个问题并不意味着该问题就强有力。领导者必须仔细倾听对方的回答，进一步提问，以明确并真正理解对方的回答。

劳拉·惠特沃斯、凯伦·吉姆斯-霍斯、亨利·吉姆斯-霍斯和菲利普·桑达尔在《共同积极训练》(2007)一书中描述了强有力问题的特性:“强有力的问题能够激发行动，促进发现，加深认识以及提高参与者的献身意识。此外，此类问题还可以创造出更大的可能性，刺激新的学习，带来更为清晰的视野。”

提出强有力的问题能够让领导者明确对话和讨论模式，该模式可能会揭示出重要信息，比如市场的新需求、重要的发展趋势以及组织发展的潜在机遇。如果领导者不能提出此类强有力的问题，则很可能错失这些机会。而如果领导者提出的问题强有力，那么他们在积极倾听答案时了解到的模式也同样是强有力的。

迈克尔·马奎特在《提问式领导——如何通过提问找出正确的解决方案》(2005)中指出:“聪明的领导者通过提问来鼓励员工进行全面参与和团队合作，激发创新和开放式思维，放权与他人，建立与客户之间的关系，解决问题等。最近的研究和组织机构数量激增的经验表明，最成功的领导者善于使用问题来领导，且他们使用问题的频率越来越高。”

问题可以是一种强有力的工具。不管是激发创造力或开放式思维，还是仅仅解决一个问题，或是对某个机会进行评估，一个好的问题可以让我们多多思考。提出强有力的问题是一种必备的领导才能。如马奎特在书中写道:“问题可以唤醒的，并碰撞出新的观点。问题可以向人们展示新的领域和解决问题的新方法。问题让我们认识到我们并不知道所有答案，它们帮助我们成为自信的交流者。”

问题有助于在工作中放权

马奎特提到:“能够有效使用问题的领导者，可以真正放权于员工，并真正改变所在的组织机构。”在协会中，问题提出的效力可通过其对员工和志愿成员产生的影响体现出来。一位协会执行官解释说,“在我们的协会里,员工很清楚提出与常规思维相左的问题以及分享与常规思维相左的想法都是没有问题的。这种提出问题的氛围也促使我们的员工和领导者可以更好地了解和处理分歧。”

避免提问题很容易。实际上，许多人都不期望别人问他们问题。许多工作单位就是这么运作的。在一些组织中，领导者往往希望得到直截了当的答案，而不是一而再、再而三地提出问题。领导者往往希望快速将任务列表中的每一项任务一一解决，而不是提出更多问题，导致带来更多的工作量。在这样的工作氛围中，领导者通常提出的是闭合式问题，而非开放式的问题。例如，理事会在开会讨论繁杂的日程安排时，希望尽快将日程确定下来，理事会主席可能就会问：“有问题吗？”而不是“各位还有什么问题？”前一种提问方式能够促进会议快速进行，而后一种提问方式则鼓励了更多的开放式对话，可以极大地促进组织的成功。

拙劣的问题可能会打击到其他人参与讨论的积极性。例如，目标明确的领导者可能会问道：“项目出了什么问题？为什么我们不能够按照日程完成既定任务量？这是谁想出来？谁搞砸了这一切？”这些问题会有意或无意地将责任归罪于某个人，让回答问题的人很为难，使他们显得不够坦率、真诚。这些问题也很有力，但却不是富有成效的问题。

领导者应该以身作则，亲身示范。就提问而言，领导者本人应该提出开放式的、能够起到真正效果的问题。强有力问题的提出可以鼓励新创意的产生，促进开放式对话，提高透明度。同时，强有力的问题是培养有创造力、可信赖的、积极的领导力的强大工具。

在建导中提出强有力的问题

协会领导者很早就意识到建导技术的重要性，但是有多少领导者意识到了正是强有力问题的提出才使建导变得有效的呢？实际上，使用强有力问题的能力是建导过程成功所必需的技能。

在建导过程中，协会专职工作人员和志愿领导者应学会提出强有力的问题，他们均能从这一核心和必要能力中受益匪浅。

在《建导者手册》(1998)一书中，弗兰·里斯指出，“建导是领导力的表现形式之一……它能够激励、指导、构建人群参与，从而带来富有创造性的结果。”好的问题始于对人物、事件、地点、时间、事件、原因、方式的提问。以下是优秀建导者通常会提出的问题：

- 你观察到了什么？
- 你能够和我分享一下你正在做的事情吗？
- 你做了什么，又发生了什么？
- 一件事情，你能够用不同方式来做吗？
- 这与你之前使用过的方法有什么不同？
- 你觉得需要怎么做才能达到预期效果？
- 下一步应该做什么？
- 你所做的事情变得更多一些、更少一些、更快一些或更慢一些会怎么样？

了解问题的力量

为了解问题的力量，我们可以参阅马里利·亚当斯所著的《改变提问方式，改变人生——生活和工作中的十种有效工具》(2004)一书。该书以寓言故事的方式讲述了名叫本奈特的领导者是如何通过自我突破最终拯救了自己的事业和婚姻的。本奈特成功的主要原因在于他变成了一位善于提问题的人、一位提问式的领导者，而非一位易下断言、全知全能的人。这本书的主题是：任何人都可以通过改变所提问题来改变人生，尤其是对自己的提问。我们应该提出能促使自己深入学习、加强与他人联系、提高自我满意度和成功感的问题。否则，我们所提问题可能会阻碍事情发展，使我们期望落空。提出“今天会有什么好事发生呢？”这样的问题，与提出

“今天会出什么差错呢？”这样的问题相比较，两者会带来截然不同的期待、情绪以及能量。

很多理事会会议上的讨论形同虚设，领导者提出的问题早已存在既定答案。很少有理事会花费充足的时间来探究具有战略重要性的问题。许多问题都只是关注具体数据的收集，这样人们就可基于数据做决策。这类问题通常是具体的、明确的，需要讨论的地方较少的。

成功的组织倾向于将更多时间花费在战略性问题的探究上，并且鼓励组织成员和员工展开平等、公开的对话。

尽管许多理事会都有一套有效的基本规则，其中包括尊重他人的观点、严守时间界限、公开谈论已做决策时同意就组织意愿进行沟通，但是很少有理事会能够真正了解问题的力量。

一位职业协会的理事会主席在最近几年经历了巨大的领导力挑战，深深以自己能召开高效会议为自豪。在其精确到分钟的日程安排中，他负责信息共享和理事会决策。

理事会要讨论的事情比较庞杂，比如行业定位问题、协会业务线的根本性变化以及会员服务的问题。这位理事会主席主持的讨论涵盖以上所有信息，讨论总是以“有什么问题吗？”结束。大多数情况下，尽管讨论的问题在广度和深度上依然存在需商榷的地方，但是对该问题的答案一般都是“没有”。

理事会由 9 人组成，其中 5 人是第一年加入的新理事，而其他成员非常担心协会重蹈过去几年的覆辙，出现领导方面的问题，以致阻碍协会的发展。这位理事会主席确实召开了一次高效的会议，但他并未鼓励开放式对话。实际上，开放式对话对理事会来说是非常有必要的，能够帮助理事会成员全面理解并支持理事会所做出的决策。

这位理事会主席本来可以怎么做呢？他提问的方式给人的感觉就是：问题不受欢迎；而对于新理事会成员而言，他这种方式简直让人心生畏惧。

如果该理事会主席了解问题的力量，能够运用自己的情商解读其他理事会成员面部表情中的不安，他就应该停下来并询问：“关于这份材料，各位是否有其他问题？”“为什么这个话题对我们而言是很重要的？”“在决策中，有谁的观点我们还没有考虑到？在我们进行下一步之前倾听这些观点可能会很重要。”“如果我们在该问题上没能采取行动，造成的影响将会是什么？”“鉴于我们目前的时间安排，在该项事宜上我们应什么时候采取行动？”“如果在这个问题上我们没有采取行动，会对我们的会员和行业造成什么影响？”“我们是否是解决该行业问题最适合的协会？这到底是不是我们的使命？”

强有力的问题可以带来强有力的对话和讨论。但是仅仅提出问题是远远不够的，理事会或工作组内部的基本规则和运行协议应该对问题提出后所展开的对话提供支持。从基本提问到提出深层次的、更为有力的问题，协会文化都应该为其提供支持。同样，许多理事会已经学会从实际运作到战略问题讨论的无缝过渡，理事会需要进一步发展能力，从只能提出基本客观问题过渡到能产生强有力问题的深层对话。

四种强有力的问题

问题可分为很多种类，每一种都会带来虽大相径庭却极为必要的对话。特伦斯·马尔特比亚是哥伦比亚大学管理与组织教练项目的教师，他创建了一种为使用强有力问题提供支持的模型，并将其命名为“ORID 框架”，即“目标—思考—诠释—决定框架”（Objective，Reflective，Interpretive，Decisional）。该框架主要用于由组织中的管理教练帮助个人或组织机构解决阻碍他们进一步发展的问题。该模型以布莱恩·斯坦斯菲尔德的著作《集中谈话的艺术——100 种在工作场合获得集体智慧的方法》为基础，为提出四种问题提供了一个框架：

- **目标性问题**。呈现基本事实，管理可观测到的数据，形成共同信息库，以用来了解背景形势。
- **思考性问题**。调动感觉、情绪和相关的私人关系，以获取本能层面的直觉反应。

- **诠释性问题**。通过对照组织的相关原则、价值观、潜在设想、大格局的意义和潜在影响，来帮助了解情况。
- **决定性问题**。该类问题可以帮助我们采取行动、明确承诺、预知未来行动，进而终止讨论，提付表决。

通常来讲，组织领导者对思考性问题使用较少。领导者可能会论及某些与决策相关的本能感觉，但他们很少在会议和决策过程中对感觉、情绪和私人关系加以利用。当情绪和感觉给对话带来的影响不成比例地过大，且可能转移讨论重点时，我们就需要担心了。

显然，领导者需要达成一种平衡。优秀的领导者会提出思考性问题来帮助人们了解情绪是如何影响他们对各项事务和最佳解决方案的认识的。

与要处理的事情之间建立一种更有意义的、本能的关系对于制定好决策来说至关重要。无论是领导者个人在制定某一决策时开始理解和探究他们自己的直觉，还是一个组织开始探究共同直觉的概念，思考性问题对于展开有效对话、制定决策来讲都是很有必要的。

诠释性问题在形成大局观和了解整体状况方面很有用。明显的发展趋势有哪些？哪些方面已成为既定事实，哪些方面有待挖掘？成功的组织会进行战略规划，其中包括回顾作为计划制定基础的潜在设想以及审视组织所处环境的变化。

如果协会领导者能够经常性地问一些诠释性问题，则有助于各组织了解整体情况，也许还能发现某一特定情况下的潜在机遇和威胁。经常提出诠释性问题有助于协会领导者个人和组织采取 360 度思维方式。

最后，我们要讨论的是决定性问题。尽管许多协会领导者相信自己在此方面能力超群，但事实上依然存在最大的改善空间。

收集完所有数据之后，怎样使用这些数据不可避免地成为最迫切的问题。决定性问题有助于组织在恰当的时间采取最恰当的行动。有时，在采取下一步行动之前，理事会有必要简单地提出一些问题，如“下一步做什么？优先项是什么？”

即使最终的决策结果尚未明朗，协会领导者在恰当的时机提出决定性问题也有助于圆满完成任务。决定性问题有助于组织向正确的方向推进工作进程，推动讨论进程，并最终形成结论。

该问题框架的使用以及领导者在不同维度提出相应问题的能力有助于丰富对话，制定出更好的决策，并保持积极的变化。

最高效的领导者善于通过这些问题推动组织的工作，如此才能全面探究各项事宜，得到更多对决策的支持。但是，使用该框架的前提是争取每一位参与者的理解，并且他们一致同意进行更深层次的询问和对话。此外，如果各位参与者相处融洽、愿意敞开心扉，且形成了互相信任的关系和氛围，便需要使用思考性问题了。

领导者必须经过慎重考虑才可以使用强有力的问题，使用不当则会产生无法预料的后果。例如，假设一位刚上任几个月的协会主席在以“团队建设”为主题的员工会议上发表演讲。他突然问员工：“如果你只剩下半小时的生命，你会做什么？你会有什么样的感觉？”这个问题无疑是强有力，且发人深省的，但是提出的时机却很不恰当！

随着员工们依次作答，整个团体的感觉从脆弱向信任逐渐转变。但是协会主席骤然结束了谈话，这种感觉一下子消失殆尽。“团队建设活动组织得不错，”组长说道。“接下来我们讨论一下委员会报告。”

这种骤然改变讨论方向的做法会使得员工感到困惑，且抹杀了协会主席自己与团队之间刚开始建立起来的信任感。问题本身是强有力的，但是却没有合理地使用。所以说时机是最重要的。

提出强有力的问题需要仔细倾听

惠特沃斯，吉姆斯－霍斯和桑达尔在《共同积极教练》（2007）一书中定义了“倾听”的三个层次。

第一个层次是内在倾听。在该层次，我们的注意力只在自己的身上。我们也许在听对方说什么，但在我们的脑海中，我们边听边真正思考的是对于说话者所说内容我们该如何反应。我们脑海中正在进行一种与自我对话的独白，而并未真正理解说话者所分享的全部信息。

第二个层次是专注倾听，我们将更多的注意力放在说话者的身上。在该层次，我们开始更多地了解说话者来自哪里。管理教练便是通过专注倾听来深入了解其客户关于某一特定事情的事实、情绪和行为的。通过练习专注聆听，协会领导者可以获取更多关于所谈事项和说话者的信息。领导者由此可感知说话者即信息分享人的情绪、见解、观点以及其他特点，从而能够在决策过程中深化其信息基础。

第三个层次是全面倾听，我们聆听的内容更深一层、几乎到达“元层”。据惠特沃斯及其合著者的描述，全面倾听就好像是，你和说话者“处在宇宙的中心，能够同时听到来自世界各处的信息”。全面倾听的内容既包括事实，也包括情绪；既有信息，也有本能；几乎囊括了任何既定情况下所能观察到的所有信息。听者不只是听取信息内容，而且会自发地、更多是下意识地处理这些信息的内在含义。只有进行全面倾听，领导者才能够进入其直觉领域。该层次的倾听能够使你观察到非直观呈现的内容，能够让你获取到明明存在却无法用言语表达的信息。这种层次的倾听并不常见，但对于组织进行共同直觉决策和提出强有力问题来说却是必不可少的。

提出强有力的问题需要勇气

有时，提出强有力的问题需要勇气；有时，对已经达成一致的行动方向提出质疑需要勇气。提出之前没人考虑过的一个新想法或新信息或新见解也需要极大的勇气。

21 世纪初，安然有限公司和其他公司的丑闻导致了 2002 年萨班斯 - 奥克斯利法案的出台以及最更大强度的金融控制；而最近银行和其他金融服务公司中危机不断。鉴于以上这些情况，我们开始考虑领导魄力这一概念。

这些公司的领导者难道不了解有关公司状况的信息吗？他们没有意识到这些信息的后果吗？难道这些公司中就没有人能够鼓起勇气提出质疑公司状况的尖锐问题吗？即使这些问题会遭到别人的冷落或排斥。能够提出这些强有力的问题需要极大的勇气，能够对这些问题做出回应则需要更大的勇气。

协会领导者是否有勇气不顾别人的冷落坚持提出强有力的尖锐问题？提出尖锐的问题需要什么样的企业文化作支撑？能否换种方式提出这些问题，使之看起来像是在丰富对话和深化认识，而不是使得发问者看起来像是要掌控讨论议程一样？

注册社团管理师朱迪·格瑞曾任佛罗里达州管理协会执行理事，现任佛罗里达州呼叫公司首席执行官，她对管理魄力有如下见解：

> 管理魄力意味着，领导者即便清楚未来需要面对难以应对的后果，也要做出对组织而言正确的事情。作为领导者，就必须随着市场和经济状况的改变在人事安排、组织发展方向等问题上做出艰难的决策。如果领导者拖延或者避免应对这些情况，组织上上下下的人员就会困惑不解，从而失去对领导者的尊重。所以，管理魄力就意味着在艰难的时刻做出艰难的决策。领导者更应该赢得员工的尊重，而不仅仅是员工的接受和喜爱。即使在艰难决策后要经历很多困难，领导者也必须做出对组织而言正确的事情。领导者需要每日都展现管理魄力，却不一定深获好评。

正如迈克尔·马奎特在《提问式领导——如何通过问题发现正确的解决方案》（2005）一书中所述：

> 历史上有太多这样的故事，领导者因未能提出强有力的问题而铸成大错……历史学家仔细研究了“泰坦尼克号”沉船事件、“挑战者号”航天飞机灾难事件以及猪湾事件背后的细节，发现了其中的共同之处，即领导者没有能力或无意就自己的疑虑提出强有力的问题。工作团队中

有些成员会担心，可能只有他们才有这样的疑虑（而实际上后来才发现，其他成员均有这些疑虑）；而有些成员则觉得，团队中也许有人已经解决了他们所担心的问题，如果自己再提出此类问题，会让他人觉得自己很傻；然后会因为被人觉得愚蠢或与工作组中其他成员相处不融洽而遭到排斥。正因为人们不愿提出强有力的问题，才导致“泰坦尼克号”沉船、“挑战者号”发生爆炸。

有时，我们最应鼓足勇气提出的问题是：“我们最害怕提出什么问题？”

提出问题可以促进学习

提出强有力的问题可以营造良好的学习氛围。领导者如果自认为知晓所有问题的答案，或者认为必须由自己回答所有问题，那么他们将失去帮助他人学习的机会，也失去了看清事情脉络的机会。这些领导者不会从多角度分析问题，提出新的见解。许多管理人员无意学习，他们与员工日常交流时，通常要么发出指令，要么对别人的观点和做法指手画脚。他们直接告诉员工怎么做，而非通过提问题的方式循循善诱，这样日复一日使其组织变得不再活跃、不再均衡，也不再充满活力。

在《提问式领导——如何通过问题发现正确的解决方案》（2005）一书中，马奎特引用了福特汽车公司前任首席执行官唐纳德·彼得森的一番话：“尽可能多问正确的问题，就可以免去得到五花八门各种答案的必要。”

在《从优秀到卓越》（2001）一书中，吉姆·柯林斯描述了一位成功的首席执行官，他非常善于使用强有力问题。在着手变革公司时，他清楚意识到自己并不知道下一步该如何走。他不急于匆匆给出答案，相反，他先向最高层领导团队和理事会提出很多问题。他通过在每一阶段提出不同问题来逐步了解公司的现状和未来可能的发展方向。柯林斯说：“这位首席执行官将一家濒临倒闭的公司挽救了回来。一开始，他对类似‘公司该走向何处’的问题的回答是'我不知道'……他并不急于给出答案。一旦选定了可靠的人选，他开始通过提问题而非直接给答案的方式跟属下沟通。'他总能让人灵光一现'一位理事会成员说道。'他能提出可以产生非凡效果的问题。我们在理事会会议室里的辩论很棒'。"

提出强有力问题对协会领导者来说是一项必备的新型领导力。领导者必须利用该能力为组织的目标提供支持。他们需要提出如下问题：个体行为是否符合组织原则？举办的活动是否能够达到组织宗旨？优先项是否与组织潜力一致？为实现预期效果的工作流程是否正确？我们的行动会对环境和相关的行业外团体造成一定的影响，我们对此是否有清楚的了解？组织所追求的目标能为组织成员、利益相关者以及我们所服务的人群创造并维持积极的改变吗？

思考题——强有力的问题

- 我通常是怎样提问的？
- 我提出了什么样的问题？我提问的措辞是积极肯定的，还是谴责性的？
- 从对我所提问题的答案中，我能够看出什么？
- 别人发言时，我是否在认真的倾听？
- 我查阅了相关数据，准备了许多强有力的问题，是否这样就算为讨论做了充分的准备？
- 我所在的理事会如何组织谈话使之变得开放，且能让人积极参与？我们所提的问题能否保证充分讨论、全员参与的效果吗？
- 我们是否支持使用强有力的问题，且愿意花时间回答这些问题？
- 我应该选择什么方式、什么时机提出这样一个最强有力的问题："我们最害怕提出的问题是什么？"
- 为营造能够鼓励、欣赏提出强有力问题的组织文化，我应该做些什么？

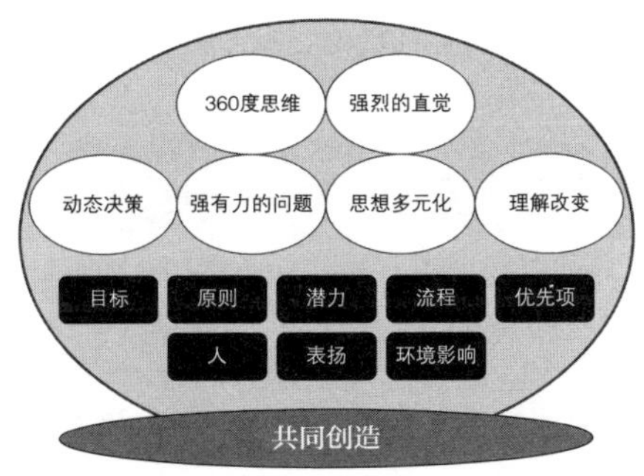

第五章　思想多元化

思想多元化使领导者能够听取角度新颖的观点，赢得更多的支持，最大限度地解放领导力，从而做出更好的决策。思想多元化可以将更多人的声音融入决策过程。这对于协会在老化的管理结构和会员连接机制下努力发挥其作用来说是一个积极因素。

对领导者个人而言，思想多元化意味着在任何时候都应对多样的观点保持开放的态度，即便有些观点与自己的理解或设想相冲突。协会领导者必须摒弃传统思维模式，确保他们对各种视角的观点持开放态度。

协会领导者未来工作的环境是一个创意辈出的环境，因此，对领导者而言切忌陷入以下思维陷阱：使用惯常使用的方法，向同样来源寻求建议，听取同样人群的理念，死守一成不变的设想以及达成一成不变的结论。

如果领导者坚持一门心思闷头向前冲，而没有广泛听取周围人员的不同理念和见解，那么他们将不会取得成功。领导者应该积极营造一种氛围，让理事会、委员会及其他工作组能够体验思想多元化，从而使每一个人都变成更好的思考者和执行者。

众多培训师、教练和心理学家多年来一直使用图 4 来说明“不同的人看待事物的角度也不同”这一有趣的动态。观察该图的角度不同，看到的结果也就不同。这幅图可以是一位年轻的女士，也可以是一位年迈的老妇。你看到的是哪一种？这两种结果都是同样正确，同样有效的。

图 4　从不同角度看待事情

思想多元化意味着协会领导者有能力探寻、发现、理解、欣赏并尊重多种角度的看法。在一个组织内部，如果每个人都可以自由表达不同的观点，持有不同见解的个体就可以自由成长，那么该组织在讨论任何事情的时候都可融入更为丰富的、来自更多角度的多元化思想。兰迪·海因是亚特兰大市贝尔橡树猎头公司的管理合伙人，他曾在《思想多元化》(2007) 一书中如此解释：

> 在致力于培养全身心投入且具有战略思维的员工的公司中，多元化一词呈现出新的含义。目前，多数大规模公司都采取某种形式的多样化举措，为少数族裔和女性提供合适的工作岗位和机会。这些举措是用来处理种族和性别问题的典型手段。但是，又有多少公司的招聘

政策会倾向于聘用具有不同见解、不符合公司建立以来的传统文化标准的员工呢？思想多元化基本上是最难融入公司文化的一种多元化表现形式，然而对当今领先的组织来说，思想多元化将逐渐成为一条重要的招聘策略。

注意到组织对思想多元化的需求，海因建议，领导者有必要倾听不同的声音。他引用了吉姆·柯林斯的《从优秀到卓越》（2001）一书中的文学：

的确，将一家公司从优秀发展到卓越的关键要素往往是相矛盾的。一方面，你需要管理人员通过争论——有时是非常激烈的争论——来寻求最佳解决方案；但是另一方面，你需要他们能够忽略狭隘利益诉求在决策时达成一致。

特伦斯·马尔特比亚是哥伦比亚大学教练指导认证项目的项目主任，在组织多元化领域所著颇丰。在与安妮·鲍尔合著的《领导者利用多元化指南——突破性成就的战略学习技能》（2008）一书中，马尔特比亚指出："领导者全面融入对话极为重要。只有身、心、头脑相结合的力量才能够推动多元化的两个指导性原则：①尊重个人；②真正的领导力所体现出来的正直。为能成功实现多元化，领导者必须将上述原则融入自己的核心价值观之中，并时刻展现在与组织中其他人的交流互动中。"

多元化的维度

马尔特比亚创造了图5中的模型，从多个维度解释多元化。我们将探讨每一个维度与组织环境之间的关系，因为每一个维度对协会领导者将思想多元化理解为一种能力来说都具有重要意义。此外，多元化维度对理事会结构、员工遴选、志愿者协调配合等事宜都具有重要意义。

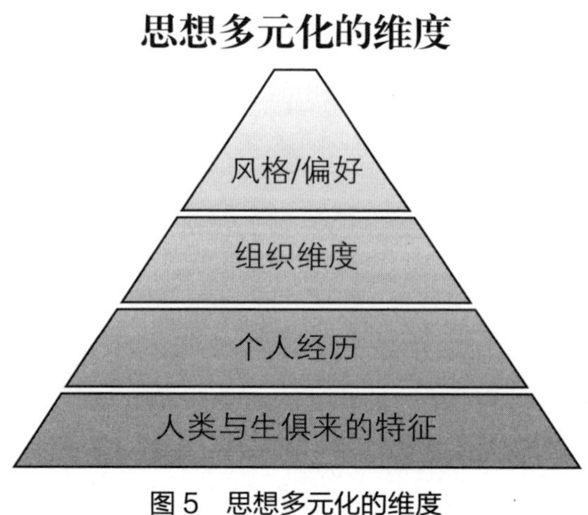

图5　思想多元化的维度

人类与生俱来的特征

思想多元化的第一个维度与人类与生俱来的特征相关，一般包括诸如种族、性别、民族、出生国、年龄、性取向等人口统计学意义上的要素。通常来讲，协会在遴选人选的过程中致力于在上述特征之间达到一种非正式的平衡。

当这些人类与生俱来的特征在理事会内部达成良好比例时，会产生与思想多元化相关的什么动力？其潜力是巨大的。对于位于美国或北美洲的协会而言，如果该协会希望未来能够在全球范围内实现增长，那么文化多元的观点对其发展至关重要；对于所服务行业经历剧烈代际转变的协会而言，有必要纳入新的声音和观点；对于会员期望专业更加多元化的协会而言，在理事选举中采用以上行为方式将极为有益。多数情况下，协会管理在如实反映会员和专业的结构特征方面扮演着幕后角色。组织管理如果能走向台前，直面这些事宜，成为所在行业的典范，那么这将是一个极佳的策略。

代际多元化

另外一个具有重大意义的人类与生俱来的特征就是代际差异。在《激情与目标——最优秀青年商业领袖的故事》(2011)一书中，科尔曼、古拉缇和塞戈维亚指出，年轻领导者的关注重点各不相同："对当下的年轻领导者而言，我们认为，其核心任务应该是行业融合、全球化、人力资源管理能力和多元化、教育演化、技术和可持续性。随着劳动力参与度的提升，以及旧有的种族、阶级、宗教和性别等方面的障碍的逐步消除，各组织将从这些新整合的工作团体所带来的多元化观点中受益。"

显然，代际多元化是协会以及他们所服务的专业或行业中的一个重要因素。大多数协会同时为横跨多代的活跃会员提供服务，且许多协会在吸纳年轻会员进入理事会方面取得了很大进展。但年龄本身并不能保证思想的多元化。完全有可能出现会员年龄虽大不相同、但思想却统一的工作团队。有时，年轻会员想要为协会做出更大贡献的想法受到了阻碍，是因为他们发现协会的构成和文化均不支持他们全面参与。

《激情与目标——最优秀青年商业领袖的故事》这本书建议，年轻的领导者更多地受到自我价值观，而非传统的"命令—控制"管理模式的引导："在企业中，现在的员工，特别是Y世代的员工不再为工作而卖命拼搏。他们讨厌身边那种刻薄、虚伪、极端的左脑式管理行为。右脑式管理方式因此正在回归。"

在协会中，已有的管理体系、过程和文化的文化属性与传统的领导价值观有何不同？我们认为，在如下几个方面存在潜在差异。

参与度。传统协会价值观认为，遴选领导主要考虑的是他们的工作年限，而不是他们能为组织做出多大的贡献。在新生代领导者的价值体系里，每个人的贡献都应同等重视，与工作年限长短无关。

管理和控制。许多协会的管理体系仍然是层级分明的，工作年限较长的志愿者处于控制地位。但是，在新生代领导者看来，自发组成的、由同龄人管理的工作组织机构才是规范化的。而且，年轻的领导者似乎没有太大兴趣和耐心在复杂的管理体系中工作，因为在这样的体系里，他们需要经过多年的工作服务才能最终做出一番成就。

透明度。协会经常纠结于“应该透露多少消息”和“在什么时候应该透露给哪些人”这样的问题。在许多协会中，秘而不宣的做法依然存在，协会各组成部分之间的不信任情况仍然很严重。新生代领导者认为信息应该共享，而不是掌控在少数人手中。如果在协会交流过程中缺乏透明度，新生代领导者会失去耐心，并且觉得被剥夺了权利。

真实性。2009 年 5 月 4 日，华盛顿特区的名叫杰米·诺特的咨询顾问曾在其博客上发表了一篇题为“挫折的力量”的文章，其中提出了很多关于真实性作为协会文化要素的问题。我们认为真实性与代际问题有一定的关联。

> 在过去，传统的审查和过滤机制对信息起到管控作用，协会很多情况下都扮演着把关者的角色。但随着社交媒体的兴起，信息传播方式与过去大相径庭，越来越多的事情被人们交口相传，越来越多的观点被人们分享，而不再像过去那样被审查和过滤。现在，交流壁垒已被打破。更多的人可以将更多事情说给越来越多的听众听。我们渴望并且需要真实，因此，人们直抒胸臆，包括批评和表达失望的话语，才更“正常”。但是，这样一来，对很多组织文化而言都是一个挑战。

诺特在文章中问道，“你所在的协会是否具备能拥抱失望和批评的能力？你所在的机构是否仔细倾听了体系中其他部分人员的观点，以便及时弥补失望？如果他们阐述的观点可靠的话，你所在的机构能否真正地做出实时的改变？”

一定程度上讲，这些问题的答案取决于协会是否能够接受思想多元化的能力。思想多元化允许出现多种声音、提出各种问题、冒出各种观点，而不管所在组织、行业或职业相关的文化设想如何。一个组织如果能够发挥思想多元化的作用，那么它将有能力吸纳新生代领导者。新生代领导者不只是期待新的互动方式，如果他们没有感受到新的互动方式，就会完全停止参与组织活动。

性　别

性别是另外一种人类与生俱来的特征。在很多行业和职业中，实现性别多元化是一个巨大的挑战。很多组织的理事会可能会、也可能不会考虑其成员的性别构成。

许多行业和职业在性别问题上的观点已经发生了改变。例如，在医疗职业中女性占大多数，而且女性在其他一些职业中占的比重也远远超过男性。但是，在服务于这些职业的协会的领导者中，男性依然占据绝对优势。也就是说，这些组织的理事会结构依然是传统意义上的结构，在男女比例方面仍没有发生大的变化。这种情况便是典型的有关性别分布不均的案例。男性协会领导者可能会认为他们了解什么对行业和所在组织最有利，但却忽视了从女性视角对该行业的未来发展进行考虑。在女性占多数的职业中，拥有男性视野也很关键。

地域多元化和文化多元化

地域和文化是在形成思想多元化过程中需要考虑的另外两个重要特征。许多理事会期望变得具有“全球化特质”，期望能代表新兴的全球成员，或者仅仅是表面看起来比较“全球化”。但是，很少有理事会能够真正在文化和管理方面足够成熟，能够真正有效地利用来自其他国家的理事会成员的才干，无论他们是移居到美国的外国人，还是居住在其他国家。

了解全球文化和发展偏好已经超越了基本人口统计学的范畴。许多协会理事会在了解了他们的会员人口以后，会真诚地尝试吸纳一些会员——在这些会员的国家或市场上，该协会所服务的专业正蓬勃发展进入理事会。但是，仅仅通过地域多样化来扩展理事会构成是不够的。协会领导者必须深刻了解来自其他国家的会员的文化偏好和准则，比如，他们的世界观、工作方式、决策方式以及领导方式。这样才能使得协会真正变得全球化，提升思想多元化水平，最大化地发挥其全球化潜能。

吉尔特·霍夫斯塔德在其《文化与组织——思想的软件》一书中列举了与文化偏好和文化视角相关的多种动态。ITAP 国际是一家总部位于美国新泽西州的全球性培训咨询公司。这家公司在霍夫斯塔德的著作基础上开发了一种名为“职场文化调查问卷”的领导工具。该“调查问卷（2011 版）”测试领导者了解文化动态的能力，以及他们与来自其他文化背景的领导者成功共事的能力。它可测试自出生国延展的文化特质，该工具目前包含了 150 个不同国家的文化规范。调查对象可通过填写一份在线简历了解自己的文化偏好。该简历建立在五个维度的基础上，分别是：个体主义、权力距离、确定性、成就和时间导向。

个体主义是指所采取的行动使得个体或组织机构受益的程度。

权力距离是指掌权者与从属者之间可接受的不平等的程度或距离的大小或远近。

确定性是指人们偏好规则、规定和控制措施的程度，或者对非定型、模糊、不可预测情况的适应程度。

成就是指我们专注完成目标和工作的程度，或者是关注生活质量和关爱他人的程度。

时间导向是指组织会员做好准备，适应新环境以达到预期未来的程度，或者是他们从过去的经历中获取指导性意见，专注达成其当下需求和期望的程度。

霍夫斯塔德的著作对协会理事会如何运作具有深远的意义。假设一个理事会的很多成员都是口若悬河的美国人，那么这些人将会频繁地、滔滔不绝地发表自己的观点，而且极力动摇其他理事会成员的意见，使其同意站在自己的立场上。但是，如果其他成员来自于其他地方，其文化规范要求个体想法应该服从于群体意志，那么这些成员将很少参与理事会争论，或者很少像美国人那样行使他们的理事会职能。他们可能不愿意在讨论中发表不同的观点或毛遂自荐担任某项职务。

想象一下一个正在制定决策的理事会。有的理事会成员的出生国对模糊不清有很大的包容度，鼓励创新以及新想法，包括不走寻常路的思维和敢于冒险。这些成员在决策过程中会对直觉性见解持包容的态度。其他理事会成员如果其文化背景出身对确定性有很高的要求，那么他们更喜欢一种井然有序的环境，而不适应直觉性见解频出的环境，他们因此会在决策过程中更多地使用数据。

再比如，假设理事会里有一位成员来自等级森严的文化背景。在该文化中，人与人之间普遍存在不平等现象，掌权的大人物无所不通，下属听从上司的吩咐办事而丝毫不会提出质疑，个体只有在专门被问及的时候才会提出解决问题的建议。对于这样的理事会成员来说，无论领导团队如何出于良好意愿要在团队中建立鼓励开放性对话的群体规范，他们都不可能真正参与到群体讨论中去。他们更可能在理事会主席或其他有权威的人员阐述立场后毫无疑问地对其表示支持。

参与型理事会成员可能会鼓励具有等级导向的理事成员更开放一些，说出自己的想法，在讨论中多多发表评论，但后者很可能天然地对那样的角色感到无所适从。

许多协会从全世界各地招聘理事成员，但却没有真正了解清楚，来自不同文化背景的成员给理事会提供的服务也有所差异。很多协会不理解这种文化动态，也就不能创造一种理事全员参与、自愿做出有益贡献的工作环境。

如果理事会能够形成一种让其成员舒适自如，支持成员独特的观点、见解和偏好的管理文化，那么就达到了思想多元化。任何致力于成功实现思想多元化的组织，需要深入理解不同文化动力产生的不同思维偏好。

个人经历

个人经历在本质上也是有助于组织形成思想多元化的一个维度。此类经历可能包括教育背景、家庭及个人收入、婚姻状况或父母状况、宗教信仰、职业以及是否服过兵役。

个体本身所具有的价值观都是通过这些经历来塑造的，对他们观点看法的形成具有重大影响。这些与个人经历有关的要素会影响理事会成员看待事情的方式，比如职位所需人员的受教育水平、支持招聘兼职员工还是全职员工，以及与组织看待和试图改变其所在专业领域或行业相关的其他问题。这些要素加在一起将对理事会的决策产生一定的影响。能将这些要素纳入考虑范围的协会将有潜力在很多事情上开展丰富对话，从而充分发挥思想多元化的优势。

组织维度

接下来要讨论的是思想多元化模型的另一层面：组织维度。“组织”这一术语指的并不是组织本身，而是指组织成员所发挥的功能或所扮演的角色。就协会而言，则指协会所在的行业分支或专业领域。

在团体环境中，一线人员和服务员观点大不相同。人力资源人员看问题不同于销售和市场营销，财务和工程人员之间的观点也不相同，等等。这种功能中心思维模式在公司中较为典型。企业为改变而付诸的努力以及其他大型工程项目的实施都受益于公司对各种层面、作用不同的员工的兼容并包，对不同观点的广泛听取。

在协会中，与组织或行业相关的多元化则与上述公司多元化之间略有不同。多数协会都希望其领导层是由在所处专业领域或行业中担任多种职务的人士构成。将这些人士集中在协会领导层有助于开展丰富多样的对话。因此，许多协会成功地将多元化的人员招募进入其理事会、任务团队及其他志愿者组织机构。

通过利用所在行业独特的动力可以使组织更加多元化。许多协会都是为跨领域的各行业、职业和事业提供服务的，其会员、利益相关者、捐赠人来自各行各业。他们为了某一共同的兴趣领域走到一起，而该领域常常并不是这些人士的本职工作。

例如，某医疗行业的认证委员会，其会员的职业各不相同。每个职业都有其职业观点、价值观及文化。护士、内科医师、中级医务从业人员、相关医学人士和普通人——所有这些人士均有可能是某一组织中的一员。成功的组织内会包括不同的团体，从而形成不同的观点、文化以及关注点。

许多协会在组建多元化团队方面颇有成效，并且做了许多有益的工作，例如了解会员的身份、需求、期望和关注重点。此外，还充分利用相关信息，包括理事会成员构成、志愿者特别工作组或委员会构成、项目研究人员等的信息，从而更好地了解影响行业的各种问题。

尽管各协会在志愿者层面取得了较大进展，但仍需更多关注协会专职员工的多元化观点。专职员工的工作不仅仅是提供相关的工作数据，他们还可为志愿领导者在决策过程中提供见解和观点。志愿者会员与专职员工之间的合作可以帮助协会更好地运用思想多元化方式，决策时能更好地融合多方信息，最终也能促成志愿者与员工之间建立起真正的伙伴关系。协会将行业专业人士和组织管理专家两方的观点融合，就可以很好地平衡协会愿景、战略和管理执行的各个方面，帮助员工充分了解其所处职业的动力所在。另外，行业或职业专家的观点和专业协会管理层观点的良好融合，可以让协会获得丰富的资源，从而能够在思想多元化方面取得更好的效果，各方可在更多重要的事情上达成一致。

风格和偏好

思想多元化的最后一个维度是个体独特的风格和偏好，包括学习风格、处理冲突的风格、解决问题的风格、决策的风格以及面对差异时的反应。

企业团队为更好地了解其成员的多元化特征，一般采用如下几种基本评估工具：迈尔斯－布里格斯类型指标、支配—影响—稳健—谨慎指标和托马斯·吉尔曼冲突解决清单。在很多情况下，协会也会使用这些工具来了解个体交流、解决冲突的风格和其他偏好，从而加深志愿领导者和专职员工之间的理解和交流。

我们发现，许多协会理事会已将这些工具应用于理事会的发展活动中，但我们担心，这些工具的全部潜力并未得以充分发挥，以达到理解并利用团队差异的效果。这些工具可能仅作为一次性训练应用在每年一度的理事会发展活动中，而没有集中应用于能力提升和化解差异上。当然，许多协会理事会确实时间有限，其原因可能是因为很少定期召开理事会会议，也有可能是因为理事会任期变更频繁导致成员构成不断发生改变。

尤其值得注意的是，在众多协会的理事会文化中，对于是否能提出不同意见的讨论仍在持续。在此前章节中，我们提到过“伸大拇指”进行意见调查的预决策机制。此决策方法可能会导致这样的问题：它会促使各成员尽可能达成一致意见，以尽快达成决议。也就是说，一种新的潜意识文化规范出现了，这会让人们认为，组织工作流程的最终目的就是让所有人达成绝对一致。

事实上，许多理事会并不懂得如何处理冲突，而处理好冲突对鼓励思想多元化来说是非常必要的。如果协会领导者打算利用多元化思想的优势，那么他们就应该学会对冲突泰然处之。他们应该鼓励开展有关决策的对话，将个体与其所持的观点分开来看，对事不对人，从而保证只有工作上的分歧，而无个体之间的冲突。在本质上，协会是大家协作共处的温暖社区，人们从根本上来说不愿意提出不同意见。在决策或对话时，如果不认同某个人的观点却转化为不喜欢这一个人的时候，冲突就发生了，思想多元化也就受到了破坏。

协会领导者应该了解个体的思维偏好对其所在组织的影响。正如此前章节强调的那样，许多组织采用迈尔斯－布里格斯类型指标、支配—影响—稳健—谨慎指标和其他评估工具来改善成员间的交流，但极少有组织能够使用这些工具来帮助领导者更好地了解他们的思维偏好。从更深层次上来讲，这些评估思维偏好的工具可用来帮助领导者更好地使用全脑思维。本书此前对全脑思维有详细论述。

在企业领域，许多人因其技术能力得以任用，然后并没有接受诸如“如何与人合作共事”和“如何全局思考”等方面的培训，就被提拔至管理和领导岗位。我们现在认为，与其与生俱来的左脑或右脑思维偏好相比，领导者思维偏好的灵活性更为重要。对领导者来说，有时左脑思维会占据支配地位或者是必需的，而有时是右脑思维。但正如本书第一章所述，最优秀的领导者都在逐渐变成“全脑”思考者。

协会理事会的个体成员更需提高自身能力接受思想多元化，践行360度思维方式，从而能够通过使用这些加强领导者自我认知的工具做出更好的决策。

全脑思维方法可视为思想多元化模式形成过程中的重要因素，这一认知可以带来极大益处。纽约全球咨询有限责任公司的合伙人克里斯特·劳认为:“许多人因其技术能力受到任用，然后并没有接受诸如‘如何与人合作共事’和‘如何全局思考’方面的培训，就被提拔至管理和领导岗位。领导者与生俱来的左脑或右脑思维偏好并不重要，重要的是其如何灵活处理思维偏好。”克里斯特·劳的公司的客户包括大型国际化非政府组织结构。他最近合作的几位领导者都在使用全脑思维的方法，以希望其所在组织机构变得更具创造性和创新性。劳认为，右脑思维如今已不足以促使组织机构进一步前行；未来的发展将依赖于左右脑两种思维模式的融合。

我们在第二章中分享了宠物狗训练师协会理事会使用共同直觉方法的故事。宠物狗训练师协会理事会所取得的进展部分是在团队采用“尼斯林大脑清单”工具的帮助下完成的（见第一章）。该工具帮助理事会了解他们个体和团队的思维偏好。了解成员的思维模式（右脑思维、左脑思维、直觉式思维、分析式思维、细节式思维或全局式思维）可帮助理事会更有效地交流和分享信息，从而做出积极有效的决策。了解成员的思维偏好对协会理事会的构成具有重大影响。理事会需要具备全脑思维能力的成员，但并非每一个人都要有该能力。具备右脑思维能力的人可以提出战略性的全局观点；具备左脑思维能力的人则可以将所有计划整合在一起开展下一步工作，常能提出细节性更强的实施方案，具备良好的执行力。具备右脑思维能力的人可能具有远见卓识，他们能够强烈地感知到下一步应该做什么以及为什么要这样做。具备右脑思维能力的人可能也是良好的沟通者，因为他们极具同情心且善于交往。因此，组织可派遣这类人员去和组织成员、利益相关者以及其他行业或职业的目标人群打交道。

如果协会的人事任命委员会对上述观点看法有所了解，那么在人事任命过程中就不再只看重提名人员的经验，而是选拔具备理事会未来所需思维能力的人员，难道这样不是更好吗？

某协会正在走出其多年的艰难发展时期，在此期间组织机构内部充满了怨恨和不良情绪，发展开始倒退。在确定新发展方向的第一年里，在新组建的理事会和新任首席执行官的建议下，理事会将全脑思维评估作为理事会工作任务的一部分，让理事会成员将个人特点与团队整体构成做比较。他们发现，理事会每位成员都具有各自独特的优势：一位擅长战略性思考，几位具备良好的执行力，而其他人则具备战略远见能力。但是，理事会在团队整体构成中发现：他们中没有人具备与他人交流的超强能力。由此，理事会认识到，其组织机构的弱势主要在于交流和推广，而且这一弱势被放大的时间段，恰恰是该协会发展过程中，成员对协会的领导能力感到失望和不信任的那段时间。

这一案例说明，尽管协会可以通过增强个体的全脑思维能力或集体的左右脑思维能力来形成思想多元化，但是同样重要的是，要弄清楚协会所处的发展状态和时间阶段。

有时，协会需要特派员、代表人员和出色的沟通人员来与那些对协会失去兴趣、与协会脱节的会员接触交流。而有时，协会还需要具备全局视野的领导者对会员和组织的美好明天进行计划和交流。此外，协会还需要熟知战略重点的领导者将计划融合在一起并使之成功得到执行。选择一位合适的领导者，制定一份适合当下时机的战略规划，二者完美结合是各协会追求的卓越目标。

协会领导者如果希望真正形成思想多元化，就应该在人事任命或招聘过程中对思想多元化的多个维度有所了解，并且随着团队的成长确保能够对多元化各维度合理利用。

理事会构成和思想多元化

组建理事会或委员会过程中经常面临的挑战之一就是，最优秀的成员并不能自动准确定位自己并发挥其最大能力。协会领导者面临的挑战就是如何在以下几方面达到平衡：自荐成员认为自己有能力做什么，他们真正能做好什么以及协会需要他们做什么。

在一些协会中，最有价值的人员可能并没有身处要位，要么因为他们不喜欢自告奋勇去谋求职位，要么因为没人相信他们能成为领导者。最优秀、想法最多元化、最有价值的人常常遭人弃用，因为他们的个性特点使得自己不会自告奋勇谋求领导职位。

他们的文化定位让他们认为自己还没有做好往上爬、当领导的准备，或者他们认为做好个人的事情就好，更倾向于在幕后工作，这样就不必应对当领导必须抛头露面的困扰。

协会理事会一直处于演变过程中。许多理事会组成人员的选拔都已经不再以区域为基础（地理区域或成员来源代表）。因为他们已经认识到，有必要组建以能力为基础的理事会（以技能和知识为基础），且正在向这一方向转变。成功的协会也需要谨慎型的理事会，有能力全面看待问题，并能平衡数据、直觉、经验和观点之间的关系。

以区域为基础 ➡ **以能力为基础** ➡ **谨慎型**

图 6　理事会构成发展图

这些维度的思想多元化都极有可能对理事会构成起到改善的作用。但是，如果协会领导者不能灵活地改变理事会结构，甚至不能改变人事任命过程，又会如何呢？协会及其领导者需要什么样的勇气才能形成思想多元化？如果有的协会领导者通过各种方式中和潜在的冲突，包括限制讨论、幕后调岗、向理事会提交事先已定好的决议只等理事会盖章而已等方式，又会如何呢？该战略的内在风险是什么？许多协会都处在争议不断的环境中，那么就存在这样一种可察觉的风险：在进行理事会讨论前，大家心中并没有一个预定的结果。这种情况倒是让决策更顺利，会议进行得更快。但是我们怀疑，长此以往是否还能更好决策以及是否还能获得更多支持。

在一个组织中，领导者能否鼓励思想多元化是未来领导者必备的一项能力。思想多元化力量的源泉，不仅源于由合适人选构成的理事会，还源于让理事会成员的观点得以倾听并受到重视，以及鼓励各方人员建言。

思考题——思想多元化

- 协会理事会如何开展反映不同思维的对话？
- 协会理事会如何回应“非主流”的观点看法？
- 协会理事会在对话过程中如何鼓励各成员提出不同意见？
- 怎么才能够保证从多角度来审视一件事情？
- 领导力文化如何才能调动具有不同思维风格的会员的兴趣？
- 如何保证组织领导者拥有多元化的观点看法？

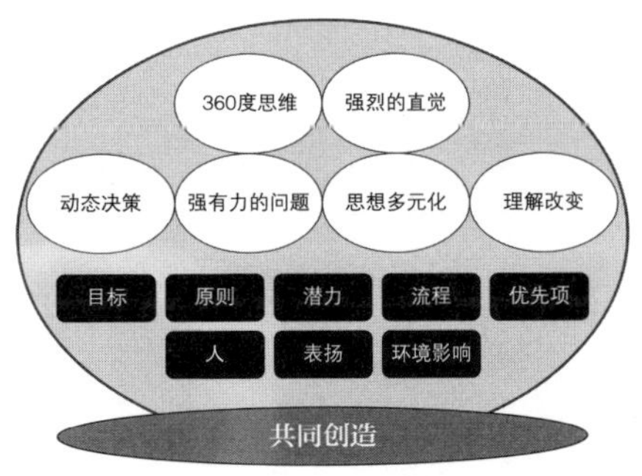

第六章　理解变革

有的领导者抵制变革，而有的领导者乐于变革。有的领导者之所以抗拒变革，是因为他们缺乏对成功实施变革所需情绪和过程的了解和认识。变革能成功实施的关键是通过开放式和持续性的对话，让人们普遍接纳变革，这样才能使各方面的变革长久进行下去。如果理事会领导人频繁变动，则该理事会将很难做出持续有益的变革，除非变革的真正驱动因素能被人们理解和接受。

关于变革的本质，协会领导者应该了解什么呢？组织内部的变革是如何发生的？协会领导者怎样才能了解并消除个体会员、领导者和利益相关者在接受变革方面的障碍？

变革是持续不断进行的，事实上，变革的持续不断会导致组织出现“变革疲乏症”，有些领导者也时常对此产生抱怨的情绪。尽管我们很难彻底理解变革，但是新的研究可以帮助领导者更好地了解怎样管理和引导变革。

在大多数组织的变革过程中都会有支持者、追随者和反对者。支持者能够预见变革最终实现后的景象，变革后将会发生的事情，以及变革可能让组织产生的变化。而追随者相信，支持者自己明白他们在做什么，因此就不必再参与以防影响最终结果。反对者则能够预见变革后自己将失去什么，便极力反对变革。

每一个组织都包含了这些力量。领导者有责任为促进变革而排除障碍，将反对者转化为支持者。领导者怎样才能做到这一点呢？他们应该了解围绕接受变革的最基本的、潜在的个体力量。

影响变革的潜在因素

成功的领导者明白，自己和他人头脑里的哪些想法会真正有助于变革，而哪些则会阻碍变革。许多有才能的管理者并不太了解人的因素是如何促进或阻碍变革的。

罗纳德·海菲茨在与他人合著的《适应性领导实践——改变组织和世界的工具和策略》(2009)一书中，描述了领导者在组织内推动变革时面临的两种不同类型的挑战：技术性挑战和适应性挑战。

技术性挑战指的是可以用已知解决方案、技术和行为来清晰界定和妥善处理的问题。组织可利用现有的机构设置和程序来处理此类挑战。因此，在此过程中不需要产生实质性的变革，只需要加强培训或引入现有解决方案和程序。

适应性挑战则更为复杂，个体的习惯、状态、角色、身份或思维方式都需要发生重大的转变。因此，协会领导者在发生重大变革时必须帮助个体在这些方面实现转变。

在海菲茨看来，领导过程中最大的失败就是将适应性挑战错认为技术性问题来处理。大多数领导者——既包括协会管理人员，也包括志愿领导者，主要是凭借自己专业或技术知识方面的优势获得晋升的。他们的各种技能和经验主要是通过逻辑分析和经验判断解决技术性挑战逐步累积起来的。组织机构面临的技术挑战之一可能是向新会员数据库的过渡。已有技术和解决方案可处理转移数据的技术性问题。而协会会员将自己的信息变更情况录入新的数据库所做出的行为改变就是适应性挑战。此时，领导者所要做的就是鼓励会员使用他们之前在同样的转变情况中使用过的应对机制。在此过程中，领导者必须深切了解会员的想法，耐心讲解和普及处理方法，以保证这一过程的顺利进行。

许多协会领导者不擅于处理适应性挑战。技术型领导的应对模式不适用于适应性挑战，因为适应性挑战更多的是关于个体潜在的希望、恐惧和期待。当影响个体的认同感、目的意识和权力意识的重大改变发生时，这些问题就会渐渐呈现出来。组织管理体系或委员会结构层面的变革可能看起来更像是与布局和构成相关的技术性挑战，但任何领导者都清楚，这种变革还同时包含适应性挑战，领导者需要与个体进行交流并表达理解之情，以帮助他们处理应对变革。如果协会理事会规模较小，则可能会让其会员感到权利受到剥夺，因为他们在管理上的代表作用被结构性地削减或消除了。品牌和组织机构名称的更改可能会让个体会员担心自己失去职业身份。在上述情况中，适应性领导技能可帮助领导者了解个体会员内心深处难以言表的需求、恐惧、关注重点和观点看法，从而推动他们成功地适应并掌握新型高效的工作方式、思维方式和变革模式。

领导者应该如何辨别一项改革是需要采用技术性方法来应对，还是采用适应性手段来处理呢？海菲茨及其同事指出，适应性挑战与处理个体会员情绪有关。比如，某协会实施了一项改革措施，引起众人的抱怨和不满。这就意味着，该协会面对的是适应性挑战，尽管其中存在着技术性挑战的成分（比如常规数据库转换）。如果数据库转换不成功，就需要采访用户，进行更多咨询，规划更多改动；但是，如果个体会员和专职工作人员间仍存在沮丧和愤怒，技术性挑战也就逐渐被适应性挑战的成分所取代。再多的程序也化解不了用户的恐惧和担心。这种情形下，该组织面临的挑战已经从技术性转变成了适应性，然而，许多协会领导者此时关注的焦点有可能仍然是数据库本身，而不是用户对数据库的反应。适应性挑战经常出现在局势僵持状态下，或者即使短期解决了但随后再次出现的情况中。如果组织现行的信念、价值观、对未来的设定，或者长久以来的价值观或者真理认知阻挡了该组织前进的步伐，适应性挑战也会出现。

适应性挑战需要行为上的改变，要求领导者学习新的技能、扮演新的角色、树立新的信念和接受未曾考虑过的价值观。面对史无前例的挑战，许多协会被迫重新编制、缩小规模、改组整顿以及重新规划未来的工作和人事安排。由于对技能已经熟练的个体会员需要从自己习惯的身份中脱离出来，因此这样的调整往往难以进行。利益相关者和协会的冲突也会在变革过程中凸现。协会领导者必须坦然面对、认真思考并对这些冲突进行妥善处理。

克服变革“免疫症”

在哈佛大学教育研究生院任教的罗伯特·凯根和哈佛大学变革领导小组副主任丽莎·拉斯考·拉海在其合著的《变革免疫力——如何克服变革免疫并释放组织及其成员的潜力》(2009)一书中，探讨了个人对变革的反应。他们在适应性挑战和技术性挑战两个概念的基础上拓展，探讨了个人和组织是如何影响其自身为变革做出努力的。

有时，领导者通过制定旨在改变行为的工作计划和任务清单来发起变革，但很多时候都是失败的，因为他们不了解情绪因素是如何影响个体对变革的反应的。这些情绪因素，包括潜在的恐惧和设想，妨碍了个体接受变革的能力。

在《变革免疫力——如何克服变革免疫并释放组织及其成员的潜力》一书中，凯根和拉海简要介绍了一个流程，可以帮助领导者确定清晰具体的目标，且能够帮助他们了解哪些措施会降低其取得成功的可能性。他们将这一流程称之为“绘制变革免疫图”。其中的问题包括：“我的目标是什么（或期望带来什么样的改变）？我需要做些什么不同的事情？我的哪些行为与我设定的目标背道而驰？哪些潜在的竞争性承诺或担心使我偏离了目标？我的哪些设想会影响变革？”

“绘制变革免疫图”可以帮助领导者更好地了解他们潜在的竞争性承诺，并为他们提供了检测这些信念的工具。检测结果帮助领导者找到修正自己行为的方法，以实现设定的目标，且有助于领导者帮助他人达到相同的效果。

这种方法也是一种强有力的个人和职业领导工具。适应性领导者能够真切地意识到自己的所思所感，不管是积极的还是消极的，以及这些思考和感触是如何影响他们的行为和对变革的反应的。适应性领导者是果敢的领导者，对自己有深刻地了解，且能够帮助别人更好地了解并接受变革。

教练技术可帮助我们为变革做好准备

以服务为导向的协会在很大程度上依赖于开发和最大化利用人力资本，鼓励并激发个体会员取得良好的组织绩效。通常，协会招聘员工时主要是看他们的技术能力，而员工被提拔至领导岗位时并未接受过“如何最大化利用人力资本”的正式训练。志愿领导者也是因为其在专业或行业内的成就而被任命或选拔出来的，而不一定是因为他们的领导能力或激发动员能力。

2011 年 5 月，伦敦一家名为领导与管理研究所的管理咨询公司发布了一份题为“创造教练文化”的研究报告。该机构研究人员发现，执行和组织教练技术是非常有力的管理工具，应该纳入领导者的考虑范围，并且广泛用于提升个人和组织的工作表现，释放成员能力。教练技术发挥最大效力时可以为组织带来可观的效益，且可以提高各类工作场所的员工参与度。

需要特别指出的是，教练技术可以营造一种氛围，使得身处其中的人员对变革的态度更为开放。它可以帮助个体成员更清楚地看到组织内部的机遇，对未来有更坚定的信念，从个人和组织角度界定自己期望实现的目标，以及找到如何跨越障碍、取得成功的方法。

许多组织发现，从外部聘请教练与领导者、管理人员共事是最佳方案。外聘教练的作用就是帮助个体成员区分个人目标和组织目标，收集工作表现反馈，明确变革过程中的障碍，帮助个体成员行动起来并对自己的工作结果负责。协会也在越来越多地聘请管理教练，其目的在于：

- 帮助新上任的协会会长将协会在新员工方面的投资最大化。
- 帮助有潜力的员工培养领导技能并晋升至新的工作岗位。
- 帮助理事会主席和高管们最大化其领导能力，并掌握新的领导能力。
- 帮助由协会会长和管理层组成的领导团队更好地了解员工的工作和思考偏好，并通过协商形成更高效的工作关系。
- 帮助专职或志愿领导者，该类人员潜力无限，但是他们的某些行为阻碍了他们的进步。
- 更深层次帮助理事会成员更好地了解彼此，提升他们的共同直觉等能力。

上述大部分工作可在外聘教练帮助下完成，教练技术也因此很快被视为一种必要的领导技能。协会、政府机关和企业正在逐步培养教练技术的内部组织能力。各组织大力培训管理层的教练技能，以便于他们在自己职责范围内和其他工作机会（比如，与委员会和工作小组的志愿人员一起工作）中施展身手。

教练技术作为一种管理能力，有助于解答以下问题：谁比我优秀？这个人的动力是什么？他（她）真正在想什么，感觉到了什么，又知道些什么？团队里有哪些人？我们个人能做好哪些事情，作为团队又能做好哪些？我们的信念是什么？我们的动力是什么？

许多大型企业开始将教练技术融入其全面人力资本战略中，这也值得协会重点考虑。组织的成功包括开发并最大化利用人力资本，教练技术对本书讨论的“人”这一组织基础来说是一个重要因素。

教练技术可为组织带来极大益处，比如：交流更为畅通、透明度加强、反馈更为公正坦率、绩效管理优化和可信度增强。

教练技术还有助于形成支持 360 度思维和提出强有力问题的文化。教练技术能够让人思考，能够帮助人们更好地了解自己的价值观、信念、设想和担忧，能够使人们更深刻地认识到自己在所服务的组织中是如何影响组织的行为和行动的，从而为变革做好准备。另外，教练技术还能够帮助人们相信直觉。教练技术最终会创造氛围，培养出整体性领导能力。

领导者的作用

协会中，谁来负责推动并保持变革？是任期可能很短的志愿领导者？是多年来一直维持组织构架和管理协会资源的协会会长？专职和志愿领导者在保持长期文化变革中各自的作用是什么？如何组建一支支持变革的队伍？每个协会都应该有变革拥护者吗？是否应该鼓励他们的发展？

在许多协会中，一般由志愿领导者来扮演变革拥护者的角色。但多数协会的领导层人选不断变更，这因此构成了一种挑战。很少有协会能够一直保持自己的战略和未来愿景不变，连续两届领导者为实现协会愿景采取同一种方法的情况更为罕见。只有领导者有意愿进行变革，变革才能持续下去。如果协会不能够为为期数年、纵跨几代领导层的变革提供足够支持的话，最终也无法实现目标。

如果变革拥护者的职位长期稳固且被授予一定的权力，那么组织变革将不会受到领导人员更迭的影响，且能够保持组织的工作重心，以实现长久的变革。但是，在许多协会中，志愿领导者每年都会更新换届，这些专业人员没有充分的权力去坚定地领导变革。

但是，在一些协会中，协会会长作为长期领导者，常被寄予希望成为变革拥护者。许多协会会员对专职协会会长期望甚高，要求甚多。因此，每位专职工作人员在很多时候都必须将此视为自己的潜在角色和日常工作的一部分。

最后，谁来扮演变革拥护者的角色不太重要，发起变革才是目前更为重要的。如果变革拥护者能够真正地了解人们对变革的真实想法，并且能够真正将技术性挑战和适应性挑战区分开来，那么他们便能够发动变革，并促使其持续下去。如果变革支持者对潜在的障碍有一个透彻了解并找到了克服方法的话，那么他们将能够成功引领变革。

最终，协会必须创造出一种支持并维持变革可能性的组织文化。什么应该受到奖赏，什么应该得到重视，什么能真正起到作用，这些事情必须反映出持续创造性和进步性的原则，即不断寻找新的工作方法。最优秀的领导者可能拥有最佳的创意，但是如果其所在组织不支持变革，那么任何新事物都无法实现。

改变是不可避免的，协会必须不断勇往直前，这是无可争辩的真理。协会领导者必须有能力实施变革，敞开胸怀接受改变。组织系统中的每一部分都是相互关联的，领导者必须时刻保持清醒的认识：某一领域的改变不仅影响组织中的个体成员和组成部分，而且会对组织整体产生影响。只有掌握了这种全面的管理方法，基本领导技能才能真正成为一种艺术。

一个组织可以发起变革，以期能够顺利过渡到一种新的管理体制或一种新的文化，但是之后为保持这种变革，到底需要做些什么呢？如果只有发起变革的领导者有变革的热情和对变革的憧憬，那么在利益相关者中就无法实现更大程度的支持，从而增加了未来领导者不再继续实施变革的可能性，变革的努力也就失败了。对于任何一个组织来讲，变革在逻辑、理智以及提高工作效率上都是极有必要的，但除了这些理由之外，协会领导者必须明白是什么使得人们接受抑或阻碍变革。

思考题——理解变革

- 作为个体领导者，我有责任领导大家在哪些方面进行变革？
- 那些反对变革的呼声其实质是什么？我对其了解多少？
- 关于如何帮助个体会员和协会识别变革中的障碍，我的理解是什么？
- 如何才能更好地理解自身在变革方面的障碍？
- 教练技术在消除组织变革障碍中可以发挥什么样的作用？

第二部分
八种必要的组织基础

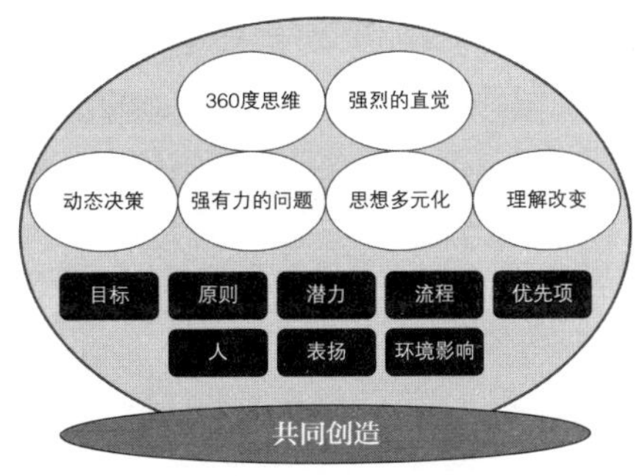

第七章　八种必要的组织基础概述

协会领导者如果期望能够最大限度地利用新型领导能力，包括 360 度思维、强烈的直觉、动态决策、提出强有力的问题、思想多元化以及理解变革，那么他们所在的组织必须是一个均衡、全面的系统。在这样的系统中，创造性思维、对话、敢于冒险的精神、多元化、开阔的思想，以及最重要的——人，所有这些方面才能受到重视。

只有在支持新型能力的环境中，这些能力才能够得以运用。本章探讨的组织基础与组织系统、架构和运作流程紧密有关，正是这些形成了运用新型思维方式的基础。我们将在本章探讨八种必要的组织基础。

- **宗旨**是一个组织存在的理由。尽管组织的外部环境、所处行业或面对的问题不断变化，但宗旨所代表的东西是个体成员和利益相关者均不可肆意改变的。
- **原则**是引导组织行为、决策和行动的信念和价值观。
- **潜力**是组织对未来期许的清楚表述。组织发挥全部潜力所能实现的成就往往通过未来愿景、目标和宏伟蓝图的形式表现出来。各组织致力于发挥自己最大潜力的同时，也会为世界带来积极的改变。

- **流程**是执行工作和下达决策时可重复使用的方法。如果组织内部存在一套工作流程的话，那么其领导者就能发挥最大作用，从而提高运行效率，带来高质量的工作成效。
- **优先项**是指在某一运行时间框架内选定的一套首要开展的行动。成功的组织根据宗旨和原则选定优先项，同时也需要考虑到自己有限的人力、时间和资金。优先项不是按顺序排列一张长长的任务清单，而是关于该做什么和不该做什么的选择。
- **人**。在一个组织内，成员之间的关系应建立在相互尊重、相互信任的基础上，建立在对人在组织成功过程中各自发挥的作用的共同认知上。在协会中，“人”包括专职工作人员、会员、志愿者和利益相关者；在其他组织中，“人”可能包括员工、消费者或客户等，视该组织特定的商业模式而定。
- **表扬**是指向组织成员以及组织所服务的个体表达真诚的感谢。表扬是在庆祝成功，是对每个人在取得成功过程中所起作用的一种价值肯定。
- **环境影响**是指清楚了解组织目标的达成是如何为周围环境带来积极变化的。对不同的组织来说，环境影响意味着不同的东西，不应将其与环境可持续性相混淆。它是一种最基本的意识，即个体和组织机构的所作所为会产生涟漪效应，不仅会对其所在的共同体，也会对整个世界产生连锁影响。

将这八种组织基础分开来看，它们都不具有创新性。每一种基础都重点针对某一领域，而且它们中有些已经在许多协会中成功建立。

但我们认为，至关重要的一点是，这些基础对组织来说不仅是必不可少的，而且是彼此相互关联的。组织基础是组织生态系统的组成成分，因此，我们鼓励大家培养这种组织基础相互关联的意识。

这些组织基础是如何像生态系统元素一样相互发生作用的呢？首先，让我们看一下自然界中生态系统各元素之间是如何相互作用的。与中国的阴阳理论相似，五行说（元素理论），即金、木、水、火、土元素，是古代哲学观念，用来解释物质世界的构成和现象。

2008 年发表在“传统中医基础”博客（www.tcmbasicsxom）上的一篇文章指出，中医理论中，五行学说用来诠释人的生理和病理表现与自然环境之间的关系。根据这一理论，五种元素持续不断地运动变化，它们之间相互依赖、相互制约的关系表征了物质之间复杂的关系以及人与自然的统一。相互制约概念即为：各元素虽各自处于持续运动状态，但都会受到其他元素的影响，并通过抑制自身的动作或行动与其他元素之间形成一种自然的平衡状态。这一理论对组织的启发就是，在有充足理由和必要从一个领域转向另一个领域时，组织需即时做出良好的判断。

组织基础类似于自然界中的元素，处于持续运动状态。它们之间复杂的联系对组织具有启发意义：最成功的组织之间应该不仅仅存在相互依赖的关系，而且还应相互达到一种平衡状态。

例如，如果组织资源和优先项的重心都指向组织潜力的发展，就达到了一种平衡状态；如果宗旨和原则支持共同领导，就会达到一种平衡状态；如果表扬和环境影响能促使人们释放积极性，也会达到一种平衡状态。换句话说，领导者如果将所在组织视为一个生态系统，那么他们将会了解各组织基础间的相互关系，并使它们之间的关系达到一种和谐的状态。

这些基础各自而言都很重要，以非线性的、相互联系的方式彼此影响。某一领域的变革将会直接或间接地影响整个系统。如果领导者仅仅在某一个或某几个领域发起变革，而忽视了其他领域，那么这样的变革从长远来看将不会取得成功。

本书之前探讨了 360 度思维，它不仅是一种领导者必备的批判性思维能力，更是一种可以将本章八种组织基础作为一个体系来理解的能力。领导者要确保他们不是在真空状态下做出的决策，而且应该了解各基础之间联系的本质，以及它们组合起来是如何对组织产生影响的。

想象一下：假如一家协会虽将创新和敢于承担风险视为其核心价值观，

但却没有对在项目、产品和服务设计过程中承担巨大风险的专职工作人员和志愿者团队给予奖励和表扬，后果会怎样？组织领导者需要明白各组织基础间的相互联系，在实践各关键组织基础时持更全面的看法。

大多数协会领导者都认同上述八种组织基础十分重要并承认它们的独立存在。虽然了解这八种组织基础之间相互联系的必要性，但很多领导者却很难实现这一点。新泽西州长滩艺术和科学基金会执行主管克里斯托弗·塞斯认识到了这些基础之间相互关联的特性，强调应重视所有的组织基础。

> 这些组织基础之间相互联系的方式常常被传统思维所低估，但却能够极大地强化我所在组织的组织结构，为组织带来成功。缺少任何一个基础，组织都很难完成既定目标。每一个组织在这些领域都有各自的强项和弱点。组织领导者需要做的就是不管尝试多少次，都要在这些组织基础之间找到一种平衡的状态。对这些基础的审视帮助我清晰地看到了我的组织在“人”这方面的欠缺，还需要多多加强。

下面以一家大型协会制定战略规划的过程为例，探讨一下各个基础之间相互联系的关系。该协会由 1200 多家机构、组织以及来自美国和加拿大多所学院和大学负责开发实用项目的个体会员组成。他们战略规划成功的关键在于该协会拥有清晰明确的核心宗旨。该协会是一个庞大而复杂的组织，为庞大而复杂的专业兴趣领域提供服务，其基本宗旨往往难以被所有会员、利益相关者或公众所了解，甚至协会领导人员也可能对其理解。而宗旨清晰明确是促进战略规划过程成功完成的重要因素，在该过程中最重要的一点是：无论一个组织扮演着多么复杂的角色，但归根结底，它是一个协会、一个整体，而这样的协会是由持有共同价值观的个体和组织为了同一宗旨和实现共同目标而聚在一起的。

该协会另一重要的基础是清晰明确的共同原则。该协会的许多会员单位分别拥有不同的原则、价值观和运行标准。一整套清晰明确的共同原则能够极大地帮助该协会维持变革、工作重点以及积极发展的方向不变。

在此过程中，人的作用也是非常必要的。该协会由很多来自组织内外的利益相关者组成，因此对彼此的相互了解、尊重和认可有助于在执行战略规划过程中保持长久的发展势头和吸引力。

该协会承认，他们最无把握的事情就是对优先项的选择——可能做得好，也可能做得不好。该协会领导者在事后承认，他们一次性展开了太多的任务。但是他们尝试利用每次努力，随着时间的推移，其实已取得了一定的成果或很多成果得以延续。

该协会所在行业对美国乃至全球有着举足轻重的影响。我们可以据此估测该协会对环境的影响。该协会的政策措施经常被其他国家效仿，这些国家试图组建与其相似的组织，以满足相似的需求。

与该案例中的协会一样，许多协会都了解八种组织基础的本质，而且在使其制度化方面取得了进步。但是，许多组织似乎仅仅关注其中的一部分，而非全部。因此，我们相信，协会在进一步关注每一种基础以及更好地了解这些组织基础相互依赖的关系方面仍有很大的进步空间。

在后面章节我们将会逐一介绍每一种组织基础，并分别提出一系列思考题。整体来看，这些问题可作为协会领导者优秀的诊断工具，以决定其组织对所有基础的执行情况；分开来看，这些问题还可以帮助领导者在深入了解某些组织基础时决定其差距和可能性。

宗 旨

宗旨是一个组织存在的理由，在组织及其工作中居于中心地位，能够为组织的优先项提供灵感，为组织的表现赋予意义。宗旨不受时间影响，它不是已经完成了的目标，而是正在进行过程中的愿景说明。尽管组织未来的愿景（潜力）和目标（优先项）会随着时间的推移而改变，且实现过程中的方法也一定会有所不同，但是，宗旨是组织在没有发生根本改变的情况下唯一一直贯彻执行的东西。宗旨应该是至关重要的、清晰明了的，且深受重视的：

- **至关重要**。最优秀的组织机构对自己的身份定位、存在理由和存在必要性有着清晰且坚定的认识。
- **清晰明了**。组织机构的宗旨应该深深植入其文化氛围中，且与其优先项有直接的联系，并且每个人都能清楚地明白和理解。
- **深受重视**。宗旨不是宣讲组织机构存在原因的一个肤浅的陈述，而是组织机构优先项逐步开展的基础。

组织为了同一宗旨汇聚在一起。通常组织的规章制度中会简要阐述该宗旨，而组织的战略规划中则对宗旨有更详细的说明。许多组织在其网站上会强调自己的使命，不时又对其做出调整，随后在组织机构确定了优先项之后便不再提及。大多数组织机构的使命包含了太多信息，多是有关组织目标的，不足以阐述清楚该组织存在的理由。

但是，许多组织的宗旨都包含在使命中。由吉姆·柯林斯与杰瑞·波拉斯合著的、在 20 世纪 90 年代产生重大影响的著作《基业长青》（2002）一书指出，一个组织的核心宗旨应该简短有力，重点突出，能够经受住时间的考验，阐述清楚组织存在的原因。

这样的宗旨能让组织受益匪浅，是决定组织该做什么和不该做什么的试金石。在我们曾经合作过的几家组织中，有关通过扩张进入新的商业领域或评估现有项目和服务的讨论经常围绕“是否与组织宗旨相关”展开。这并不是说，协会不能通过非到期收益方法来支持那些有助于实现宗旨的活动。但是，宗旨的清楚阐述有助于保持组织的工作重心并集中做好服务工作。如果一家组织业已偏离了其成立之初的轨道，那么清楚阐明其宗旨对于这样的组织而言显得尤为重要。

这并不是说，协会不能够随着行业和兴趣领域的改变并重新界定其宗旨。但是，忘记其存在宗旨的组织会面临“离题”的风险，最终陷于逐渐消亡的危险中；或者更糟糕的是，组织虽仍然存在但却不能为其会员和利益相关者创造价值。

思考题——宗旨

- 组织为什么存在?
- 用一句话回答什么是组织宗旨?
- 组织宗旨对组织文化来说意味着什么?
- 组织能够创造什么价值，哪些价值是我们从来没有想过要停止创造的?
- 我们的宗旨随时间的变化做出过调整吗?我们的宗旨中是否始终贯彻某一重点内容，从而使得组织有勇气去据此实行变革?
- 如果有人只了解了组织的优先项（目标），他会如何理解我们的宗旨?
- 如果我们向委员会或其他利益相关者群体询问关于组织宗旨的问题，那么他会说什么?为什么?他们的观点会一致吗?

原　则

原则指的是组织共同价值观。协会领导者，不管他们是志愿者会员还是专职工作人员，能够认同所在组织的价值观，这一点非常关键。如果协会领导者不能按照组织的价值观身体力行，就会给组织长久以来形成的文化氛围造成毁灭性的打击，且造成其优先项与组织宗旨相脱节。界定明晰的原则和宗旨有助于组织更容易决定做什么，同样重要的是，决定不做什么。

原则是组织的基石，是引导组织内部个体行为的简明扼要的说明，常被理事会、专职工作人员、委员会和任务组有意或无意地用于组织制定每一个决策的过程中。在一家高效运转的协会中，理事会、专职工作人员和委员会的所有行动均受到这些价值观的影响。如果组织中有人连续或周期性地违反这些核心价值观和原则，就等于为组织的毁灭播下了种子。

在最高效的组织中，原则是神圣的。它们不仅仅是文字；它们指导组织如何达成其宗旨、如何确定优先项及对待“人”。最后，原则必须被周知。它是可见的，植根于组织的文化氛围之中，即使是不熟悉该组织的人也能察觉到它们的存在。

失败的组织无法达成对组织原则的一致意见。在价值观上达成共识可以使组织宗旨更为明晰，可以消除阻碍领导者看清组织真正宗旨的情绪困扰。为什么价值观对当下的领导者极其重要？领导者如何通过深入了解组织内在价值观系统从而受益？威廉·弗雷德里克在《美国组织机构的价值观、本质和文化氛围》（1995）一书中指出：“领导者不仅是组织价值观的发起人，而且是最重要的执行者。领导者不仅为组织发展指明方向，而且为其找到实现目标的方法。这些价值观代表着组织的信念和行为，绝不能因为结果好坏而妥协。只有通过对价值观的掌控，领导者才能塑造个体的行为，营造良好的组织文化氛围。”

价值观对任何社会、文明或组织的成功而言都是必不可少的，弗雷德里克说，领导者在阐述组织价值观的过程中发挥着重要作用。弗雷德里克相信，了解个人价值观对管理者或领导者自身的成功来说同样十分重要。

根据斯科特·夸特罗的《执行伦理学——第三套伦理困境和挑战》（2008）一书，北卡罗来纳州立大学的蒂姆·哈切认为：

> 当代首席执行官面对的压力前所未有。全球化、市场和经济动荡、新技术带来的挑战、人口和劳动力流动、不断激荡的变革以及稳定性神话已经改变了领导者工作的背景和内容。当下和未来的组织首席执行官都必须清醒地认识到，必须把自己的价值观与利益相关者的价值观相结合，为公司的发展提供道德层面的指导。管理人员也面临着把自己的价值观与组织、行业、共同体和社会的价值观相结合的挑战。

面对冲突，协会领导者有时需被迫改变自己的价值观，这种情况下，他们应该怎么做？如果领导者对个人价值观没有深刻的认识，也不能准确把握这些价值观在何种程度上可指导行动，那么领导者就容易被迫与现实情况妥协，从而做出错误的决策。

约翰·汤森德博士在《超越理性的领导力——卓越的领导者如何利用自身价值观、感觉和本能的力量取得成功》（2009）一书中支持这种设想。他指出：

> 卓越的领导者会同时利用内外部力量取得成功。比较而言，他们在外比在内表现得更加训练有素、准备充分、经验丰富……有多种方式可用来描述纯理性之外的东西：有时被称为主观世界、内部环境或内心世界；然而，到头来，它们事实上仅是指个人的精神生活状态……激情、价值观、感觉、直觉和想法。这些东西看不见摸不着，因为它们不是物理性的。但是它们是真实存在的，是人的必要组成部分，且对成功而言极为重要。

价值观对个体和组织的影响可总结如下：

- 价值观一直处于行政领导和决策中的核心位置，领导者如何支持这些价值观贯彻执行一直都很重要。
- 领导者认可的价值观随着时间的推移而变化，随着管理理论、组织文化和社会准则的发展而变化。
- 领导者对价值观支持的态度与他们如何将之付诸实践之间存在着很大的差距。如果有的领导者言行不一，那么后果极为可怕。
- 协会领导者现在和未来做出的各种决策将变得越来越复杂。在当下动荡、冲突和变革的时代背景下，领导者仅靠数据进行决策是行不通的。

我们相信，领导者未来更多地依赖直觉和价值观引导自己制定复杂决策的做法将变得越来越重要。尽管领导能力可以是与生俱来的，也可以是后天习得的，但是我们认为最成功的领导者相信他们所看到的现实不是真正的，也不是唯一的现实。最优秀领导者努力加深对自身的认知，与此同时，凭借自己的认知对比所处的现实，保持灵活性，不断评估设定的目标并加以调整。他们对信息和知识持开放态度，同时也努力使其与自己的内在原则、价值观和信念系统达到一种平衡状态。

思考题——原则

- 我所在组织的原则是什么？怎么才能知道这些是我们的组织原则？
- 组织原则如何引导我们选择做什么及不做什么？
- 在对待“人”方面，组织原则如何影响到我们？
- 如何向组织内外的其他人解释这些原则？
- 考察过组织采取的行动和取得的成就后，人们会如何评价组织的原则？
- 如果向委员会和其他利益相关者提问有关组织原则的问题，他们认为组织原则是什么，为什么？他们每个人的说法是否一致？
- 我们的原则及实际行动都支持变革吗？
- 哪些特定的价值观是必不可少的？
- 与这些价值观相关的有哪些行为？

潜　力

潜力指什么？为什么潜力也是一种组织基础？潜力是组织愿景、目标和抱负的实现。各组织致力于充分发挥自身的潜力，他们期望未来能将自己的美好愿景变为现实。

潜力的实现需要弥合当下现实和未来期望之间的差距。潜力是逐步成长的空间；它是一种意识，认为仍然有开放的发展空间，并确定最终能够实现的空间大小。协会领导者必须问自己：我们能做什么？我们能成为什么？我们有潜力做什么？哪些是可能实现但尚未实现的？作为个体和组织机构，我们能达到什么样的成长能力和发展能力？

行动创意咨询师南希·亚历山大认为，潜力存在于当下现实和未来愿景之间，发挥潜力需要看清差距，利用自身力量、技能和认同来弥合差距。

所有协会都有自己的未来愿景，即对自己能力的展望。这些愿景根据协会的经历以及领导者、成员、利益相关者和专职工作人员的集体价值观、希望和梦想而成。领导者鼓励组织追求难以完成的事情，激励其成员和专职工作人员超越当下阶段的自我，取得更大的成就。

组织能够创造出其成员想象不到的未来。潜力需要持续改进，不断发现组织达成目标的新方法。那么，潜力对于志在发挥全部潜力的组织来说意味着什么？潜力真的能够完全实现吗？愿景是在合理时间段内可以实现的东西？还是在未来永无可能实现的东西？我们可以就此开展一场有趣的智力辩论。

在与各组织合作的过程中我们发现，最好的愿景与当下有一定的距离，能够激励并放权给组织成员，使其充满活力、满怀信心和能量地为达到目标而努力。已经实现的愿景不会再对任何人起到激励的作用。但是，我们看到许多组织机构仍将多年前的战略规划当作未来愿景的一部分，且在问及该愿景是否已经实现时，他们会说，“是的，已经实现了！”我们认为，支持一个已经实现的愿景起不到任何作用。愿景必须能够促使组织、个体成员、利益相关者及其所在行业从当下所取得的成就中走出来并朝着未来成就的方向前进。如果协会愿景的某些部分已经完成，那么是时候重新审视组织的现状，形成新的未来愿景了。

愿景应该反映出潜力，能根据组织长期以来的成就，描述未来世界将会变得如何不同且更美好。实现愿景需要培养组织的学习和成长潜力；实际上，我们认为潜力这一组织基础具有特别的活力。组织经常错失将利益相关者融入组织愿景实现过程中的机会。吉姆·柯林斯在《基业长青》(2002)一书中写道，目标大胆、描述生动的未来愿景对组织领导者来说是极好的说辞，可以帮助他们动员志愿者加入进来，让志愿者们明白自己是如何在创造强大的组织、职业和行业的过程中做出贡献的。

尽管领导者在改进组织管理系统、架构、工作流程和文化氛围方面做了大量富有成效的工作，但是协会随时间发展一直更新其发展愿景的情况却很罕见，而让连续两届领导者使用同一种方法实现发展愿景更是难上加难。然而，拥有高效战略规划做辅助并引入年度战略规划审议程序，协会就能够确保继任领导者和理事会成员在实现组织长期潜力的过程中坚持同一个发展方向。

优秀的协会每年都会举行会议审议和更新组织战略规划。这可以让协会领导者使用360度思维模式，回顾过去一年所取得的进步，环视当下环境中面临的机遇和挑战并加以评估，并对未来一年进行展望并确定优先项。如果该会议在领导层换届的时候举行，或者新任、续任的和离职的理事会成员全席参加的时候，协会应该借此机会更新组织愿景，共同承担起确定未来发展方向的责任，处理下届领导班子继续前进过程中面临的风险。这样，协会领导者才可意识到，他们扮演的部分角色是组织长期愿景的管理者，而不是在自己喜好基础上对长期愿景进行再创造的发明者。咨询师南希·亚历山大观察到，个体成员能够积极与组织发展宗旨保持一致时，他们的潜力和组织的潜力都会变大，且相互增强。

潜力意味着一种永不退缩的积极力量，而且这种力量的作用在组织成员集体致力于发挥潜力，专注于实现目标和价值观的时候才能得到更积极高效的发挥。各种形式的障碍、动态因素和观念看法都会产生摩擦，遏制发展势头；而清晰明了的共同宗旨是实现组织愿景和潜力的试金石和推动力。

没有潜力，就没有组织机构未来发展的方向。没有潜力，组织机构就不知道取得成功的时机和方式。仅仅专注于宗旨和原则的组织机构，对未来发展没有清晰的认识。组织机构有必要对发挥最大潜力后的组织面貌加以说明。此外，组织机构定期重新评估其未来愿景，并随时间发展加以调整以及评估实现组织愿景的发展进度也十分关键。

思考题——潜力

- 组织有没有清晰明了的愿景文字表述？
- 如果组织能够充分发挥自己的潜能，其愿景表述是否清晰地说明了组织及其所处环境未来的面貌？
- 未来愿景和组织宗旨是如何结合在一起的？
- 组织原则是如何影响未来愿景的？
- 这一愿景是否得到了志愿者和协会专职领导层的广泛支持？
- 我们自己是否清楚已发挥了自己的最大潜能？如果清楚，那么我们要继续保持原来的愿景，还是要宣布已成功达成原定愿景，向新的愿景继续前进？
- 如果充分发挥组织机构的潜力，那么能够取得哪些更为积极有效的结果？

流　程

高效的组织流程对组织的健康和未来发展来说至关重要。市面上有很多关于协会、非营利性组织和企业业务流程的书籍，在此，我们只将流程作为组织取得成功的重要基础予以探讨。

要取得成功，协会必须具有可重复的流程，帮助个人和团体了解和组织工作如何开展以及如何实现目标。组织机构通过制定流程来定义和衡量成功是至关重要的。

虽然协会业务流程不是一个新概念，但却是在不断发展的。协会经常在有影响力的领导人提出好创意的基础上创造出项目方案。随着时间的推移，这些方案和服务组合已不再是曾经的好创意。业务性工作流程安排得较好的协会懂得如何评估其方案和服务的现行效率，并将基本的功能性工作流程安排到位，以管理提供这些产品和服务所需的基础设施。

许多协会也设定了相应的工作流程来监测和跟踪组织所取得的成效。通常包括仪表盘报告、战略进度图、优先项进度工具和平衡性计分卡。这些来自企业界的流程工具都很有效果，企业工作流程和决策过程与协会截然不同。

仪表盘报告是组织机构如何实现其优先项的一种可视化呈现，像是一张高清晰度的快照，反映了组织机构不断进行积极改变的状态。仪表盘有助于达成书面形式的共识，用量化的方式衡量成绩。它可以使领导者、专职工作人员和成员明确知道取得成绩的时间。仪表盘报告是领导团队口头计划的自然进化，能够使组织专注于组织宗旨和优先项。将仪表盘与实现目标所需的必要工作流程结合起来，可以帮助专职工作人员确保组织资源与其优先项的开展保持一致。包含在仪表盘内的高级别信息可以由理事会用于评估完成优先项过程中取得的进步；将部门和功能测量结果与员工的绩效评估连接起来，可以确保该组织中的每个人都朝着同一个目标努力。

在企业中，个体就能够做出与任务执行相关的决定；但在协会里，这种可能性相对较小。因此，工作流程对于帮助专职员工和志愿者一起有效工作来说必不可少。

流程对协会而言十分重要，因为没有它们将很难维持进展。没有为组织提供服务的流程，如会议、网络研讨会、杂志、组织简讯等，每次执行同类的项目方案都可能会采用不同的方式，这样一来取得的结果也可能完全不同。协会目前正在面对的挑战之一就是，志愿领导者层每年都会更新换代；在许多组织中，志愿者劳动力也不断变化，但却没有可重复的、持续性的和制度化的流程可供使用，组织机构也就无法记录该组织的制度化特点和保持流程的一致性。在这样的情况下，专职工作人员的作用非常重要，但在各组织中专职工作人员执行项目方案的权力又有所不同。

随着时间的推移，组织仍然需要保持的必要流程就是战略和运营规划。如果没有长期发展方向上的连贯性和承诺，组织可能会偏离宗旨和对潜力的重视，从而偏离了既定的发展方向。如果没有运营规划，组织的优先项也不可能实现。

成功的组织使用何种策略和运营规划？

- 关注一起工作的重要支持者、专职工作人员和会员；
- 包容。认可所有想法都很重要，所有贡献都很重要且应受到重视；
- 进行开放式沟通交流；
- 不预设结果；
- 持续承担责任义务；
- 以书面形式设定大胆、积极的成果；
- 来自协会专职管理层和志愿领导者的支持；
- 不断地沟通，将行动与计划联系起来；
- 在初始阶段就做好任务分配工作，将具体任务目标落实到个人；
- 将问责措施嵌入规划之中。

一家超大协会的领导根据其在战略规划流程方面的经验，提供了以下有关流程的建议，供其他协会及其领导者参考：

- 确保理事会利益相关者投入到流程发展过程中去。在任务执行过程中进行不间断地沟通。
- 在信息收集过程中重视利益相关者的意见；将协会会员高层领导者汇聚一堂，让他们讨论各自希望的可交付结果。
- 在输入过程中注意改进想法，以避免利益相关者丧失兴趣，因为他们总是认为这些想法他们已听够了。
- 明确专职工作人员群体的责任归属。确保可信度和监督不失位，其中包括将小团体工作与大组织相协调。
- 明白为大型组织机构开发流程需要比预期更多的时间和精力。

思考题——流程

- 在保持组织变革的过程中，流程的作用是什么？流程如何到位？组织如何使流程成为组织文化中长久而又积极的一部分？
- 协会是否已经将可重复的、有效的流程制度化？
- 在充分发挥潜力的过程中，我们是否拥有衡量进展的机制？
- 我们是否已经将战略运营规划流程制度化？
- 这些流程是否能够帮助我们确定优先项是什么，以促使我们充分发挥潜能？
- 我们的工作流程是否与组织宗旨和原则相一致？我们是否成功地动员并使用了“人”？

优先项

对于协会来说，最重要的就是理念。理念可转化为战略，继而成为协会工作的优先项。在此过程中，理事会和协会会长有责任确保该组织的优先项与其宗旨和原则保持一致。

协会最难做到的事情之一就是保持工作重心。理事会应参与批判性对话，探讨什么该做，什么不该做。协会内部一般不存在创意不足的情况，更多是时间、金钱和人的短缺。

成功的组织每次只将关注点限定在一个或两个战略优先项上。优先次序并不是指先列出目标完成的先后顺序然后核实一下哪些任务可以完成，而是指选择一两件能在特定时间内带来最大影响的新事情进行处理，然后在其中投入时间、精力和资源。有效的优先次序是组织战略和运营计划过程中的一部分。

各组织需要对自己能“做好什么”和“做不好什么”有一个深刻的认识。对自己的核心能力和限制因素的了解有助于组织确定优先项。即使组织机构已经确定了优先项，他们也仍然需要保持灵活度，以应对所处市场（环境）中的不可预料的机遇、威胁以及变化。

优秀的优先项有以下五个特征。

- **明确**。必须与组织宗旨息息相关。
- **适宜**。必须与组织的核心能力（即组织能做好什么）相适应；与组织原则相适应；与组织内有限的资源相适应。
- **灵活**。能够基于新信息和利益相关者多变的需求调整优先项。
- **基于事实**。基于研究和数据做选择。
- **感觉正确**。设定优先项时，必须将直觉和数据结合起来考虑。在领导中，直觉不仅仅是本能反应，而是将知识和感觉融合在一起做出决策的艺术（这一概念在动态决策和直觉两章有更详细的介绍）。

优先项计划可以被视为一种工具，组织可以用它来分配有限的资源以完成优先项。例如，如果某组织已经确定将重新设计其网站作为自己的一个优先项，由市场营销部门负责实施，该组织就不能奢望其他部门去挖掘实现这一目标所需的资源。在计划优先项时，该组织不仅要研究该计划给市场营销部门带来的影响，而且要研究给信息技术、成员、研究人员和其他利益相关者带来的影响。优先项计划促使专职工作人员、会员和志愿领导者之间展开对话，确保专职工作人员和会员之间进行合作而不是分别单打独斗。许多组织按线性顺序开展优先项的工作；优先项计划是一种全面性方法，有助于根据组织实际能力来考虑组织目标。它可以确定组织的优先项，促使协会领导者深刻了解到决策对资源带来的影响。

思考题——优先项

- 组织的优先项都是根据组织宗旨制定的吗？如果不是，哪些优先项与组织宗旨无关。对此，我们又该做些什么？
- 作为一个组织，我们做得较好的有哪些？这些核心能力如何影响我们选择要什么或不能做什么？
- 作为一个组织，我们做得不好之处有哪些？这一认识如何影响我们选择要什么或不能做什么？
- 成功保持变革的组织如何确定自己的工作重点？我们如何模仿他们的方法？
- 影响我们决定不做某一件事的文化因素是什么？这些决定是如何影响组织变革的方向和速度的？
- 我们的资源是什么？这些资源中存在什么局限性？我们如何才能有效利用这些资源？我们对有限资源的理解如何影响我们选择要什么或不能做什么？
- 我们有没有定期评估我们的项目和服务，以确保它们与组织宗旨相一致，并能创造价值？
- 我们如何应对意料之外的机遇和威胁？

人

一个组织，特别是以服务业为基础的组织，之所以能够成功，在很大程度上取决于人及其参与程度。来自华盛顿特区的咨询顾问维奈·库马尔指出：“人是大多数组织（包括各种协会）开支最大的部分。如果团队中没有合适的人才（掌握一定技术、拥有软技能和适应组织文化的专职工作人员），那么也就无法取得坚实的成果。人是协会的资本和金钱。人生成理念、能量，释放活力且能够积极行动。”

人们加入协会的原因各异：为了回馈社会、有助于个人或专业方面的成长、为了领导他人、为了产生影响力等。能够了解人们这些潜在动机的协会领导将会取得成功。领导者也将帮助协会明晰成员、志愿者和专职工作人员的职责，尊重每个团体独一无二的技能、经历和期望。

成功的协会中，人这一组织基础最重要的一个方面就是角色明晰。在角色界定方面达成共识有助于在协会中营造一种团体感觉。而在慈善组织中，则有助于在利益相关者和组织之间建立联系。当会员和专职工作人员分别专注于各自擅长的领域时，就会发生了不起的事情！

在协会中，人们对于自己作为会员或专职工作人员的角色定位时常会产生各种误解。这种观点的偏差通常是由于不同的期望造成的——关于应该由谁负责执行组织工作。

协会管理人员在与会员和专职工作人员沟通各自的理想角色时，可采取的一个有效方法便是帮助大家了解各团队的能力。这样一来，很容易就明确了两个团队各自的期望和责任。

协会会员和专职工作人员可为协会带来不同的但却同样需要的经历、知识和技能。协会会员为协会带来深刻的专业见解，包括专业事项、关注、需求以及新出现的职业环境变化，带来行业人脉关系；同时，协会会员还具有进行有意义的组织工作的强烈欲望。协会专职工作人员则为协会带来一整套与协会管理能力相关的技术和战略技能，包括会议协调、对管理的了解、协会最佳运作的有关知识、活动规划、融资以及市场营销等。

最成功的协会之所以能够繁荣发展，是因为在其环境氛围中，会员和专职工作人员彼此分享、互相尊重，且将各自的知识、技能以及人脉关系投入到协会的工作中。

为了最大化会员和专职工作人员的贡献，协会领导者必须做到：

- 了解会员和专职工作人员各自独特的技能、专业知识和人脉关系；
- 了解如何利用这些因素；
- 以书面形式清晰地界定所有新项目和所有委员会工作中的角色和期望值；

- 真诚尊重和感谢会员和专职工作人员为组织带来的不同东西；
- 确保公开对话建立在信任的基础上，且与组织宗旨和原则保持一致；
- 确保会成员和专职工作人员的各项技能与他们各自的工作相匹配。

许多协会都会精心撰写书面的委员会职责。一般来讲，职责撰写的比较简洁，列举各个要点，简要概括委员会的年度工作内容；阐明委员会的工作目标，但不会说明达到这些目标需要采取的方法。委员会职责与协会的宗旨、潜力和优先项直接相关。成功的组织会在委员会职责中简要指出专职工作人员在帮助委员会完成项目或工程的过程中所起到的作用。这更强化了角色分工，可以确保每个人在合作之前都能明白各自的职责。

思考题——人

- 怎么理解协会理事会、委员会和专职工作人员中“人”的作用？怎样认同上述作用？
- 组织机构的宗旨、实践和原则是如何影响人们被看待的方式，如何影响领导者的领导方式和会员、专职工作人员和消费者被对待的方式的？
- 会员能给组织带来什么样的独特技能、知识和关系？
- 什么因素能让人们全面参与变革？
- 在项目实施前是否已经跟会员和专职工作人员交流清楚，他们各自的职责是什么及其原因？
- 理事会应该做什么，具有什么授权？
- 理事会获得组织授权行使治理职权了吗？
- 协会会长获得组织授权行使管理权了吗？
- 委员会和其他利益相关者有没有被授权去做理事会在限定范围内委派给他们的工作？
- 如何确保会员的技能与我们要求他们发挥的作用相一致？

表　扬

表扬在组织中的作用十分重要。各种协会和其他非营利性组织依靠志愿者的全情参与和专职工作人员的激情进行运转。没有表扬、认证、奖励和认可，志愿者的活力和专职工作人员的奉献精神就会逐渐丧失。组织中有两种重要形式的表扬：内部的和外在的。内部表扬认可的是会员、专职工作人员和利益相关者对组织的贡献。

当表扬个人的努力时，应该讲得具体一点，而不能太过宽泛。当表扬人们的某一特定行为时，有必要让他们明白他们哪些方面做得好，并鼓励未来能够出现更多这样的行为。重要的是，要清晰地说明个人具体做对了哪些事情以及给组织带来了哪些影响，而不是仅仅给出一句“谢谢各位在成员组织活动上的良好表现”这样泛泛的表扬。

来自肯尼索州立大学的教育心理学家史蒂芬·布洛克博士开发了一种关于如何正确表扬的模式。这一模式被纳入肯尼索州（佐治亚）EMBA 课程中，布洛克将其称之为 BET 模式，即行为—影响—感谢（Behavior，Effect，Thank You）模式。例如，“艾琳，你为志愿者提供谈话要点，帮助他们致电说服潜在会员加入协会；你使他们从自己所说的话中获得信心，而且确保了我们在会员招募时可以采用一致的方法。谢谢你。”

除了感谢个人之外，对团体（比如委员会）贡献的认可同样很重要。协会应该将成功分享给所有会员和其他利益相关者；因为当会员看到协会的成功得到公众认可时，将有助于创造一种积极参与的文化氛围以及一种良好的环境，在此环境中，组织成员可以真切感受到他们对组织机构的贡献是受人赞赏的。

获得外部认可对组织而言也是十分重要的。外部认可可以是获得奖项、媒体报道和政府表彰。这样可以进一步发展成功文化，强调组织正为其利益相关者创造价值和输送价值，也展示出组织具有强大的治理和管理流程。

成功的组织面临的挑战之一就是，要想取得更高层次的成功，组织未来的发展也需要达到更高水平。在这种情况下，领导者能够经常表扬员工，并真诚表达感谢，就显得特别关键。

思考题——表扬

- 表扬、认可和对贡献的重视在协会中起什么作用？
- 在还未取得完全成功时，庆祝成功的意义是什么？
- 组织如何向其会员做出的贡献和成就表示感谢？
- 组织如何向其专职工作人员做出的贡献和成就表示感谢？我们的奖励办法是否让专职工作人员感受到对其贡献的重视？
- 组织如何交流和庆祝其成就？
- 组织有哪些机会通过获得奖项、媒体报道、政府表彰等方式获得外部认可？
- 当向个人做出的贡献表示感谢时，我们说明他们的具体行为了吗？

环境影响

环境影响指一个组织在实现其宗旨和潜力中，会给其周围世界带来的连锁反应。了解此点的领导者会发现，他们的行动会给组织之外的环境带来什么样的影响。

加利福尼亚州圣路易斯－奥比斯波县公共事业局局长嘉莉・马丁利指出：我们就像是组织的啦啦队，为我们称之为“三重底线”（社会的、经济的和环境的——或者说人、环境影响和繁荣）的东西提供支持。我为我们的目标感到鼓舞，因为这一目标能够影响并吸引社区的人群走出来改变我们生活的世界。通过管控社区的水资源供应，我们确保人们身体健康，而反过来他们也会做类似有益他人的事情。

一家贸易协会发现，他们的一项长期培训项目经过改造后可为失业人群提供培训。随后，该组织获得了联邦政府的资助，让失业人员参与该项目培训，以获取新的工作技能。这一项目将更多经过训练的新人带入这个行业，有助于该协会对社会产生积极的影响。

协会领导者所做决策的影响经常超越了所在组织本身，对组织周围的世界带来影响，包括社区、行业、国家乃至整个地球。领导者往往并没有放眼全局，因而结果就会有所偏差。随着组织充分发挥自身的潜力，它将为世界从总体上带来积极的变化。

注册社团管理师雪莉·奥尔康在《协会管理者——有关改变的刺激性建议》(2012）的白皮书中，大体上界定了协会领导者对于给世界带来影响这一问题的态度：

> 受访者强烈地感觉到，他们可以给社会带来明显的影响，特别是对当地、州甚至是国家的经济，公共卫生和教育事业产生影响。很多受访者相信，他们有责任帮助公众了解其所在组织在做什么以及其为什么能够让社会生活变得更美好。其他受访者则感觉到有责任给公众带来直接影响，并表达了他们超越组织界限，愿意为公众事业，而不只是其服务的协会会员，而贡献力量。建立认证体系、确定标准、鼓励或加强道德行为是这些努力带来的有形结果中被提到最多的。

许多协会已经意识到并致力于为周围的世界，哪怕仅仅是身边带来积极的影响。例如，美国职业经理人协会定期为召开重大会议的社区从事服务工作。环境影响需要考虑到除协会及其会员之外的世界。我们相信环境影响这一基本的组织基础将来会愈发重要。美国各协会的业务环境和监管环境面临更大的压力，因此更需要各协会致力于为自己周围的世界带来更多有益的影响。

思考题——环境影响

- 如果我们的组织不存在，世界会有何不同？
- 如何为我们的协会会员和利益相关者创造价值？
- 我们所做的事情对组织范围以外的“群落”带来了什么影响？
- 我们提供的项目和服务会产生什么样的连锁反应？
- 我们有哪些与组织宗旨和原则相一致的机遇，可以让我们不仅在组织内部，而且给外部世界也带来积极变化？
- 组织如何与其周围的世界相联系？

第三部分

统一策略——共同创造

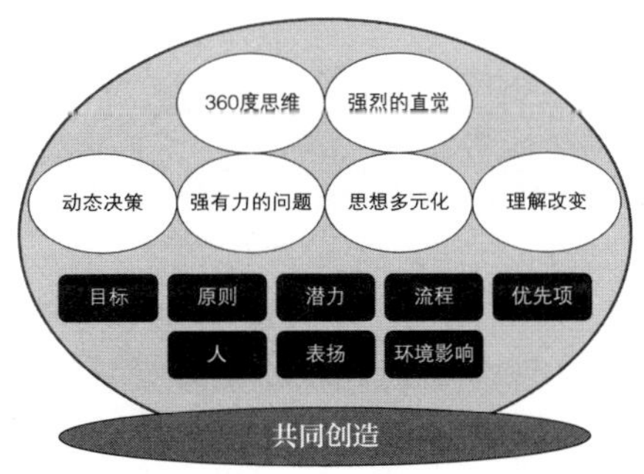

第八章　共创未来：领导者如何共同领导

当组织已具备八种必要的组织基础，领导者已培养出更深层面的六种新型领导能力，下一步他们该如何思考、领导和实现成功？领导者如何综合利用更广范围的思想以及不断注入组织内部的各种能量？领导者可采取一种统一策略，共创组织未来。

从公司层面来看，共同创造指的是公司及其客户之间长期存在的伙伴关系，该伙伴关系能够为彼此创造价值。但是，共同创造对于协会层面来讲意味着什么？协会领导者如何将共同创造变为现实？如果说共同创造是组织各级成员之间的伙伴关系，这意味着什么？为什么共同创造对于开展持久变革来说是必要的？

协会领导者致力于在志愿者和专职工作人员之间营造积极参与、共同合作的氛围。但是，我们目前处在一种干扰主导的文化氛围中，在这种文化氛围中我们会同时接收到很多有刺激的东西，遭遇多种干扰的影响，随便发生一件什么事情就可以把我们的注意力从自己手头上正在做的事情上转移，合作也不再充分。在真正成功的组织中，与共同参与相比，共同创造往往更有价值。通过采用共同创造的方式，组织领导者以及各级利益相关者可以发展并维持更深层次的伙伴关系。

共同创造的三个层次

来自华盛顿特区的咨询顾问维奈·库马尔指出：协会中的参与共分三个层次。

- **第一层次：参与可以为自己带来什么？**这是最基本层次的参与。每个个体（会员、专职工作人员或志愿者）都会首先考虑，参与某项工作会给自己带来什么。对专职工作人员来说，动力来自于收入、福利、职责明晰的工作岗位、施展才华和能力的机会、有助于成长和发展的工作、合理的通勤时间和舒适的工作环境。会员和志愿者寻求的则是教育、人脉和可以发挥领导能力和提高影响力的机会，这些要素可以帮助他们在个人职业生涯和工作业务中做得更好。
- **第二层次：参与可以为他人带来什么？**一旦满足了我们的基本需求，也就是在第一层次获得了安全感，我们思考更多的便是外部因素。因此，专职工作人员开始思考协会会员和志愿者的所思所需，同样的，协会会员和志愿者也开始思考专职工作人员的所思所需。这就是参与、合作和融入。但是这一层次的工作内容往往是围绕特定问题且持续时间很短，并非持续性的和固定不变的。
- **第三层次：参与可以为我们带来什么？**这是参与最高层次的表现。当我们在此层次开展工作时，会开始注意到自己和同事之间的相互关联性；我们会意识到，我们为他人服务，其实就是在为自己服务。

根据我们的经验，在第三层次中存在以下几个要素：

- 共同的目标；
- 共同的价值观；
- 相互理解、尊重、欣赏和信任；
- 清晰的角色定位和责任划分；
- 在相互信任和尊重的基础上展开的公开对话。

在这一层次，我们更多地了解到，个人给整个团队带来了什么，以及个人为团队增加了什么价值。我们相互帮助，彼此感激，关心对方的幸福安康。我们最终发现大家同在一条船上，向着同一目标前进。我们互相分享工作计划。在这一阶段，我们的努力叠加起来，每个人都赢得了胜利。

如果协会期望在第三层次发挥作用，那么协会需要界定参与组织工作的会员、志愿者和专职工作人员的角色，尊重他们各自的独特技能、经历和期望。经验告诉我们：在协会内部就角色界定达成并建立共识会营造一种团体归属感。

联系和认同的统一

共同创造在协会环境下表现出不同的形式，它可发生在专职人员和会员领导者中、发生在领导层和会员中、发生在委员会和专职工作人员团队中。它也可发生在个人身上，在那些致力于为组织工作的人的心中和头脑中。

图 7　通往共同创造的途径——联系和认同的统一

共同创造是协会内部会员和专职工作人员认同的最深刻的表现形式；它是一种组织环境，身处其中，专职和会员领导者的付出同样重要，可以形成更深厚、更强健的领导伙伴关系。相比于个人独享创意，更强调大家共享成果。

我们可以认为，会员通过加入协会，开始参与协会的活动。会员和协会之间的联系和认同关系在初期以多种形式呈现，包括参加培训项目、会议或交流活动；购买协会的产品或服务；或是阅读协会纸质版或电子版的通讯简报。许多协会为了吸引会员参与，会在这些方面投入大量的资金。

但是，这种参与不会持续太久。协会及其会员之间的这种单纯的交易式的关系事实上类似市场环境下公司和客户之间的关系。会员今天可能参与了这家协会，明天也有可能转而参加另一个组织。他们选择的是在特定时间段内对自己来说有价值的事情、活动和益处。尽管会员与协会之间缔结关系是件极受欢迎的事，但这种参与不一定能带来长久的益处，最终也就不一定能形成共同创造这样的关系。关于第一层次的关系和本书以下论述的重点，在美国社团管理者协会出版的《决定加入》（2007）一书和美国社团管理者协会基金会研究系列出版物《十种培养成员责任感的方法——营造价值观、参与度和归属感的关键策略》（2012）中都进行了详细地探讨。

参与的下一步是融入。各协会积极寻找、十分珍惜且经常培养那些积极融入组织活动的会员。这里所讲的融入不仅包括经常参加会议，了解组织项目和服务，参与申奖或交流项目，而且还包括自告奋勇助力组织项目成功完成。这些活动会进一步加深协会中会员和专职工作人员之间的伙伴关系，但是这种关系在本质上仍然是一种交易关系。

第三步是合作。在积极有效的伙伴关系中，专职工作人员和志愿者一起在多个项目领域、任务和活动上共事合作。合作是认同更深层次的体现，因为会员在此阶段向组织投入了时间、思想和金钱。但是，即使在这一层次，会员在协会内部与他人合作，但仍然有可能并没有形成与组织宗旨、原则、潜力和优先项之间的深刻联系。

第四步是投资。投资远远超越了之前三个层次（参与、融入和合作），因为在此层次，会员进一步释放了自己，并渴望持续与协会的对话和关系。会员非常关心协会发展结果，且与协会宗旨、原则、优先项和潜力保持一致。在这一步，会员的感情开始与协会的活动、结果好坏和成功与否紧密联系在一起。投资需要更深层次的联系；这就需要个人和组织能够在更深层次上彼此倾听。

最后一步是共同创造。共同创造包括前几步的伙伴关系和行为做法，还包括对综合使用集体资源和伙伴关系能力的认同，为协会及其利益相关者创造价值。共同创造需要想象力、原创力和新型思维方式，通常会产生新的互动方式、服务模式和学习方式。共同创造参与者带来的东西各不相同，身份各不相同，各自专注的领域也不相同，当他们受到同等重视时，就产生了共同创造。共同创造使得专职和会员领导者共同合作、共创未来。各种组织基础已经就绪，领导者在工作中能够践行六种新型领导能力，在此环境下，领导者发挥作用，并构想协会共同创造未来的各种可能性。

领导力在共同创造中的作用

共同创造并不是拥有某个好创意的某位领导带来的影响，也不是指员工简单地追随领导者，领导指哪儿打哪儿。共同创造是一种合作状态，要比大多数协会目前的合作状态更深刻。

协会会长在共同创造中的作用是什么？有三种常见的协会领导模式，协会使用何种模式将极大地影响共同创造实现的方法和可能性。这三种模式为：理事会主席担任会长或决策者，执行理事／专职负责人担任会长以及平衡合作伙伴模式，即共同担任会长。以下是对每种模式的简短说明。

理事会主席担任会长。在这种模式下，理事会主席是全体会员的脸面，对外代表着整个协会的形象。在某些行业和职业中，这种模式比较受青睐，因为会长的职位在一些领域例如宣传行业中享有较高的信誉度。这就像如果有人在某一行业或职业中曝光率越高，就越有可能赢得更多的拥护。而会长的作用就是管理内部机构，并参与战略、方向和优先项的制定，负责协会的全面发展。

执行理事担任会长。当执行理事扮演会长的角色时，他或她需发挥内外两方面的作用。志愿领导者委托会长一方面监督内部运行，另一方面对外代表协会的形象。在这种模式下，需要会长和理事会共同致力于组织的发展、原则和优先项的制定。这就是共同创造的模式。但我们发现，许多协会的议程安排由会长和专职工作人员共同推动，然后向志愿领导者咨询，以保证他们知情。这种情况可能会使协会高效运转，但却不是共同创造。

平衡伙伴关系。第三种模式要求会长和理事长之间形成高效的工作关系。许多理事会定期换届，所以这种关系需要领导之间持续不断的协商、再评估、改革以及优先项和工作流程的延续性。它还需要领导之间高效的沟通，对议程和优先项的认同，很好地了解彼此的工作方式和思维方式，以及承诺组织优先项高于个人优先项。许多协会在努力实现第三种模式，但由于协会根深蒂固的体系、结构和文化氛围导致理事长在领导层和优先项确定过程中发挥着更重要的作用。

组织选择什么样的发展模式受组织执行使命的成熟度制约。如果你所在组织的使命不断变化，且随着时间的推移这种趋势不断加强，你就能够接受志愿领导人员反复换届的情况了，且第二种或第三种模式变成了最佳选择。如果组织缺乏对其使命的长期性承诺，则这三种模式都不会有效果，协会就会像一只狂风中的小船，不断更换协会领导者和优先项。这就是为什么宗旨、原则、潜力和优先项将成为组织的重要基础元素。

有时，共同创造是不可能实现的，特别是在管理人员和协会之间的配合不再高效，或者是互相失去了信任的情况下。在大多数成功的组织里，理事会和专职工作人员之间的信任水平比一般组织要高，他们对协会共同原则有深入的理解并致力于遵守该原则。在这样的情况下，真正的共同创造才有可能出现。共同创造远远超越了专职员工驱动、会员驱动或知识驱动的范畴。共同创造本身就是关于驱动的一个概念。另外一种表达这个概念的方式就是，要认识到专职员工和会员在服务组织时共享共同使命，而且他们是确确实实共享。

有人说，协会管理人员的工作就是顺顺利利地领导。其他人则觉得这么说不妥，似乎不可信。而且，这种想法与共同创造的概念不符。对许多领导者来说，共同创造的感觉更为可靠，因为在共同创造的情形中，专职员工和会员不再试图左右对方，而是进行公开集体对话、共同创造协会的未来。

在协会中，领导者发挥新兴领导能力，所有协会基础全部就绪，最重要的是共同创造在协会中持续进行，且不会随着志愿领导者和协会优先项的改变而改变；不会随着不了解协会特点的新员工的加入而改变；也不会因为协会确定了新的优先项开始向不同的方向发展而发生动摇、被阻止或偏离方向。共同创造在此变成了一种常量，是协会文化中公认的、受重视的必要组成部分。

共同创造打破组织壁垒

共同创造的另一个益处是，在大型组织机构中，共同创造能够消除部门之间、附属机构和基金会之间、各分会之间以及其他组织构成要素之间的壁垒。共同创造还能够在协会委员会、工作组和其他工作团体之间形成一种合力。

壁垒之所以形成，是因为专职领导和志愿领导者在思考问题和做出行动时都希望能够维护各自代表的团体的利益。能够激发共同创造精神的领导者，可以使每个人超越个人利益，专注于协会的战略发展方向以及他们个人如何为共创协会美好未来做出贡献的。

随着协会专职领导和会员领导对组织的全面投入，他们就树立了与协会未来相关的共同愿景，明白了他们的优先项和目标是如何与协会的战略结合成为一个整体的。此时，壁垒开始瓦解，共同创造逐步形成。这意味着协会内部不同部门之间的资源争斗减少了。会员 / 志愿领导者之间也会收到意想不到的效果。

在大型组织机构中，如果没有对发挥组织全部潜力和实现组织愿景的认同，如果没有使用 360 度思维方式、动态化决策、强有力的问题以及其他新型领导能力，那么，就不可能有共同创造，各自为政的部门之间也将永远为资源、关注度和认可一直争斗下去。而在小型组织机构中，如果其专职工作人员更倾心于组织的具体议程，而并非组织整体的宗旨、原则、优先项和潜力，那么专职工作人员之间也会发生争斗。

共同创造造就伟大。如果专职领导和会员领导在平等的伙伴关系下共同工作，协会将能够完成其目标宗旨，实现其所憧憬的未来。如果协会能够营造一种文化氛围，在其中，会员和专职工作人员在成果和成果创造上感觉平等，那么共同创造就会发生。

共同创造是一种能力、一个工具和一套思维方式。理事会层面上的共同创造等同于全方位参与战略、规划和战略对话。许多协会多年来都在努力打造共同创造的文化。但是为了创造并推进组织的变革，共同创造需要成为文化中的永恒元素，领导者需要以新的方式重新进行思考。

决策中的共同创造

除了从放权和共同工作两个角度来定义共同创造外，还可以从个体和团体在决策中发挥的作用来定义。通常来讲，有三种决策方式：命令式，由某位有权威性和可信度的领导来做决策；征询式，尽管决策还是由一人来做，但此人会在决策过程中融入其他人的创意；达成共识式，决策由整个团体制定，而非个人。

当这些区别不明确时，真正的问题就出现了。期待共同创造的团体可能发现决策已经由他人完成，因而觉得自己的权利被剥夺。比如，某位理事会主席觉得自己有权未经咨询理事会就可单方面做决策，或者某项决策原本需要理事会的批准，但执行委员会却已经下达了决策。如果由谁来做决策界定不清，那么就不可能有共同创造。

案例分析：共创未来

在危机时刻，优秀的领导者能够以一种意义深远、制度化且持久的方式对协会的政策、工作方式和文化产生影响并使其做出改变，回想起来，正是这样的能力，使他们成为游戏规则的变革者。国际建筑物业主管理者协会佐治亚分会和其执行理事格博瑞·埃科特的案例表明，尽管协会所处的市场状况和未来经济发展趋势面临众多的挑战，通过共同创造也可以获得成功。

几年前，经济形势下行最严重的时候，美国和世界其他国家的经济状况均遭到严重损伤。经济学专家和政客无意中的一句话却流传甚广："不要浪费每一次危机。这是一次尝试未曾做过的事情的机遇。"现在，我们都已经熟悉了"新常态"，了解了经济衰退时事情是如何急转直下的，以及新的现实如何迫使我们接受未来发展放缓的趋势。

但即使是在艰难时刻，有的协会仍然能够变革其业务方式，给予会员更高的价值回馈。这种情况下，取得成功的关键因素之一在于高效的专职领导和会员领导，以及集体的愿景、能量和工作重心。

尽管经历了商业地产行业史上最残酷的时期，国际建筑物业主管理者协会佐治亚分会的专职领导和会员领导仍专注于帮助商业地产从业人员取得成功，而且通过共同努力取得了丰硕的成果。4 年间，该协会会员数量每年增加 21%，活动参与度提高了 33%，收入提高了 21%。在一个用百分比说话的行业里，国际建筑物业主管理者协会佐治亚分会培训课程的录取人数增加了 213%。这可不是打字错误，确实是 213%。与此同时，其他组织机构却挣扎着试图维持现状。是什么促成了该协会的成功呢?

其中一个关键因素就是向一种放权、高效、充满活力的共同创造管理机制的转变。这一转变促使国际建筑物业主管理者协会佐治亚分会实现了快速发展，获得了空前的成功，完成了重要的战略举措。

该协会还实施了一些新的战略举措，包括开发人力资源管理认证项目、培训医务办公大楼建设管理人员、为青年专业人员举办各种活动、构建新的基层宣传系统。他们还与其国际分支机构一起创建并启动了“房地产基础”培训课程，这是一项为地产专业人士量身定制的全面培训计划。

在执行这些令人印象深刻的举措的过程中，该协会正在经历一次重大的组织变革，而协会年轻的执行理事自身也在经历变动。该执行理事是从协会内部提拔的，而且是在该协会困难时期上任的。协会的成功与他个人的成功无疑是相互关联的。这个故事本身非常具有说服力。

“我们的执行理事不仅使协会内部领导和专职工作人员之间，而且使我们全体会员之间产生了信任感、忠诚感还有永恒的支持力。”国际建筑物业主管理者协会佐治亚分会的一位会员说道，“没有他的领导和指引，国际建筑物业主管理者协会佐治亚分会就不会有今天这样的成就。他使我们的协会获得了充沛的资金投入，也赢得了全体会员的尊重。我们做过的最好的决定就是让他掌控全局，而且他的才华绝不仅限于此。”

几年前，该协会正处于十字路口。它艰难度过了管理过渡期和金融动荡期。在此期间，协会专职领导和会员领导之间经常发生有关信任度的问题。会员质疑该协会的价值，而该协会的发展停滞不前，没有战略性的推进。该协会不是没有努力过，但每次努力似乎都是孤军奋战，而没有统一朝着某个关键目标发展。当时协会甚至没有长期的发展目标，仅仅是维持生存而已。

幸运的是，该协会有一批具有奉献精神的志愿者。即使改变可能会带来短期的痛苦，领导者仍致力于不断地变革。另外，领导者之间达成了共识，为了发展壮大，协会需要重新调整工作重点。

经过多年的变革，一种新型的、放权的组织文化逐渐占据主导地位。现任协会会长说，会员注意到协会发生的积极转变，并且为之兴奋，希望成为其中的一部分。

“这些变化是显著。现在只有我们为数不多的几个人记得我们协会在开展战略治理工作之前是什么样子了。以前的理事会会议，一切都已经决定和批准好了。理事会成员感觉不到积极工作的热情。”

那些在过渡时期担任领导的人也承认了这名执行理事发起变革所带来的积极效果。理事会已经从常规运作模式过渡到战略管理和共同创造的阶段。以前，协会考虑最多的是运行问题和年度项目，并没有考虑过未来协会的发展方向。

转型过程开始之后，该协会实施了一项战略性长远规划，确定了该协会过去没有做过的事情，以及未来必须要做的事情。这种战略思维管理模式现在考虑的是短期目标，同时也向着实现未来 10~30 年的远期目标而努力。协会专注于实现谨慎的战略性增长，为该协会营造了一种不断取得成功的文化氛围。

“每年年底，我们都有一箩筐成功的故事可以讲，因为我们每年年初都会界定明确的目标，我们有工作方法以及来自理事会的支持，以确保这些事情能够做好。”该协会的宣传和营销部部长说：“我们界定了这些目标之后，很大程度上依赖于协会会员和委员会通过再次制定战略规划来承担和完成这些目标任务。我发现，成功可以孕育更多的成功。一旦我们完成某一项优先项，将重新设置工作重点，迅速开始新的工作。循序渐进一步步经历这样的过程令人兴奋，因为你可以从历史角度看待协会的发展，确切地了解到我们每年都取得了哪些成就。”

协会领导层在协会的发展中扮演了什么角色？当把协会管理人员任期这一要素纳入考虑范围之后，故事就会变得更加复杂。

国际建筑物业主管理者协会佐治亚分会执行理事格博瑞·埃科特是由内部提升的，此前曾担任过不到两年的宣传部部长。埃科特跨越一大步，直接晋升至协会的最高领导，他必须在两项同等艰巨的任务中取得平衡，即转变协会文化氛围以及同时完成自己的事业转型。他形成了自己的过渡战略之后，还需要组建一支新的专职员工队伍，这也是协会成功的关键。该协会现在有 6 名全职员工，其中包括执行理事。

“我想创造一种包容和共同创造的文化氛围，以便于我们的专职员工能够分享组织机构的成功，同时也全身心投入为组织的成功做出贡献”，执行理事埃科特说：“我工作的重点之一是把会员和专职员工各自的角色界定清晰；另外，营造一种氛围，使得理事会可以重点考虑组织机构的发展战略、优先项和未来愿景，而不是纠缠于专职工作人员和委员会的细节工作中。我相信，当协会会员和专职员工被赋予一定的自主权，且可以完成他们最擅长的事情，那么成功也就会随之而来。”

“我们的员工是首屈一指的，”该协会宣传和营销部部长认为：每一位员工都清楚自己的职责以及为了组织整体的利益，他们能够很大限度地发挥自己的专业知识。这样，每位员工都能平等地为协会贡献自己的想法；每位员工都可以保持专注；有助于保持办公室团结。我们每个人都可以将不同的想法和考虑坦诚地讲出，所有人都理解每个人在这里工作的原因就是为了提高自己的专业水平和给协会会员创造价值。

另一个变革策略是鼓励理事会一次只专注于一个或两个战略优先项。每年，理事会都会聘请外部顾问来为协会提供指导方案和咨询意见。然后，理事会形成一个小组，在两天的时间内开会讨论，为下一年制定规划。

“这种以退为进的方法是要弄明白：作为组织整体而言，我们现在处于什么样的位置，我们曾经处于哪个阶段，未来我们又将向哪里发展。”一位协会领导人说，“然后，就具体而言，我们为下一年度选定了两个战略目标。在这一年的时间内，只专注于这两个大型目标，确保我们能够满足日常的需求和会员的需求，同时保持向前发展的态势。”

很多协会总是无法取得成功，因为他们想做的事情太多，缺乏工作重点，又总是操之过急。在国际建筑物业主管理者协会佐治亚分会，管理结构分工合理，工作重点明确。这使得该协会理事会能够发展创新，尝试新的创意，确保协会的发展既没有在任务上操之过多，也没有在速度上操之过急。

格博瑞·埃科特使用的另一个关键战略是将战略管理作为建立理事会和专职工作人员之间信任的工具。“这是一个漫长的过程”，执行理事埃科特说，“但是，我们能够取得进展的一个方法便是引入共同创造的理念。作为专职工作人员，我们与组织有着同样的命运。如果组织取得成功，等于我们在以下方面也取得了成功：与会员分享成功，认识和重视会员和专职工作人员给组织带来的优势，并对所取得的成就予以表彰，比如实现目标和取得里程碑式的成就。”

以下是国际建筑物业主管理者协会佐治亚分会执行理事格博瑞·埃科特的成功经验：

- **专注于未来的发展**。创建未来的共同愿景。理事会和高级员工应共同制定一个重点明确的书面战略计划。如果他们共同制定该计划，他们就会全力支持共同的成功愿景。
- **确保管理流程基础是建立在成熟的协会管理理论基础上的**。参阅《优秀管理的意愿》（2002；2011 第二版），外聘专家以推动变革过程、提出建议、并向专家咨询其他协会的发展经验。开始把重点放在制定战略上并制定出以知识为基础的决策，将其看作是开展日常业务工作的一部分。
- **确保对潜力这一组织基础有透彻的了解**。对成功进行定义。每年提前达成有关成功的共识——什么样才算成功，并把每个人的期望值以书面形式记录下来。会员数量、活动组织情况，培训参加人数以及其他协会基准在某一年可能会有所浮动。但是，如果某一协会实施了有效的战略，随着时间的推移，这些基准将会有所提高。
- **确保优先项清晰明了**。没有协会可同时完成所有任务。每年最多选择两个战略性优先项，不要尝试一年之内就完成整个战略规划。
- **坚守理念、保持定力**。协会最重要也是最困难的事情就是保持定力。对一个协会来说，如果有什么称得上比会员都重要，那就是理念了。协会会员常会与协会领导分享许多大大小小的想法。如果某些成员的创意无故没有被采纳，他们的积极性就会受到影响。讨论协会工作重点的需求十分有用，可有助于会员了解协会的战略发展方向。
- **通过透彻了解角色定位来促进共同创造**。明晰理事会、委员会和专职工作人员的角色定位，并在各项目实施前讨论界定各角色。在最成功的协会中，往往会员和专职工作人员相互分享、相互尊重、融合彼此在完成工作中所需的知识、技能和关系。
- **专注于人，放权给他人，培养多元化思维**。理事会应该将权利下放给委员会和专职工作人员，使其实施战略性优先项和开展协会目前正进行的工作。

- **利用 360 度思维，不断分享不同视角下的各种信息**。理事会和执行理事应该在制定决策的过程中保持透明，而且这些决策应该以共享原则和对未来的共同观点为基础。这是在协会机构内部建立信任的关键一步。
- **实施组织基础的表扬机制**。定期与会员和专职工作人员一起庆祝已完成的目标和重要事件。这有助于营造一种包容和欢乐的文化氛围。

思考题——共同创造

- 共同创造是一种组织上下所有人之间的伙伴关系。这句话的含义是什么？
- 如何营造一种鼓励公开交流想法的氛围？
- 如何评估某些想法的价值，不管是谁提出来的？
- 应该如何培养对组织目标和成果的共享观念？
- 为什么共同创造在创造持续性变革过程中是非常有必要的？
- 怎样确保这样一种伙伴关系：人们在实现成功的过程中共同投入并全情奉献？
- 如何才能将共同创造变为现实？怎样达到第三层次思维模式中平衡伙伴关系中“我们”的层次？

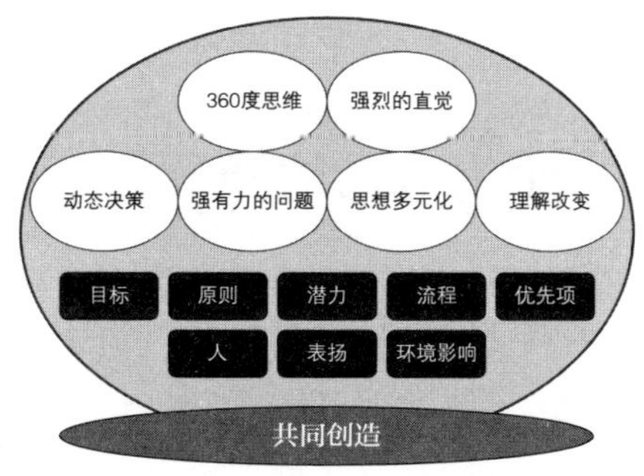

第九章　成功路上的拦路虎

领导力是强大的，但也是有逻辑的。也就是说，领导力应该合乎逻辑。本书中所描述的能力和组织基础是有逻辑的、理性的并且是可操作的。是什么阻碍了领导者着眼大局？是什么阻碍了领导者整合资源，做出好的决策以及是什么阻碍了领导者共创未来？又是什么样的个人和组织行为在实现积极变革的过程中造成了阻碍？

第六章探讨了作为变革的主要动力或阻力的个人信念、价值观、设想和恐惧。但是个体领导者领导下的变革并不总会使组织获得成功，其中原因多种多样。

个人可以获得新的技能和能力，但如果组织系统、结构、流程和文化氛围使得这些新技能无法得以实践，那么知识最终会失去，领导者也不会成功。如果您打算运用本书探讨过的几种基本知识和能力，不管是从个人层面还是组织层面，我们提醒您务必注意以下几种可能会妨碍您前进的理念。

个人导向的领导力

某些协会中仍是个体领导说了算。在这些协会中，议程、决策和行动受个人利益驱动。团体间缺乏足够的理解和共同感觉。如果协会的领导层文化整体上不支持的话，思想多元化、360 度思维模式等观念就无法在协会中公开践行。个人导向的领导力会阻碍协会以更加宽广的视角看世界，而宽广视角却是未来获得成功所必需的。

个人偏好的项目

如果优先项的确定是基于某位领导者的想法，而不是基于综合协会优先项和战略的更全面更具连续性的考虑，协会的资源很可能会因此而浪费。这样的想法有可能不会为协会会员或更大范围的团体带来回报。提出强有力的问题，却可能会产生与个体领导的个人利益相违背的答案，因此招致各种麻烦。在决策时，如果数据不足、仅凭直觉做决策，将协会的资源投入到某特定项目或服务中，这种情况就会产生个人偏好项目。

政治、分化和装腔作势

当协会文化由政治力量主导（即决策主要依赖个体倡导的所谓最佳创意，而非基于集体的分析和见解，没有大量的数据和信息作支撑，且各派别间相互对立），协会就无法看到更加宽广的前景，也不能有效地实践领导能力。当协会分裂后，某些团体占据高位，却不充分听取其他人的意见，其领导能力可能不足以实现预期成果。当某些个人身居要职却为自己谋取私利，而不是为组织整体谋利时，他们就会变得装腔作势。

保护过去

许多组织的领导者都试图保护自己苦心经营的过去。然而，过去的做法在未来或许不再奏效，而且也不可能再奏效。未来将发生呈几何级数的改变，所以保护过去不会带来任何积极的效果。协会领导者要想取得成功就必须摒弃一些私人层面的、与未来趋势发展不一致的东西。

许多领导者和协会在消除协会文化中这些障碍方面已经取得了长足进展。但是协会中有一种奇怪的动态：随着志愿领导者层和员工领导层的变化，他们的成熟度和对不同文化的接受度也会随之发生变化。无论协会已经发展到何种程度，往往多年以后，当新一届领导层从员工或志愿者中脱颖而出时，协会的前进方向都有可能发生逆转。

正如肯·布兰查德在《组织行为管理》(2007)一书中所述：团队发展会历经四个不同的阶段：形成阶段、震荡阶段、规范阶段和执行阶段。无论团队之前的成绩多么耀眼，一次新的人事变动就可能会改变这种动态，有可能使得一切归零。而且，往往新领导上任后，即便是组织经过了长期、持续的积极改变，一些已经建立起来的良好行为反而最容易丧失。

因此，我们建议协会领导者要意识到此类弯路的巨大破坏力，持续不断地培训员工、放权给员工，并在员工和志愿领导人员中贯彻一套完整统一的价值观和相应的行动、行为以及能力准则，这样才能有助于协会保持积极的改变，而不会出现倒退。

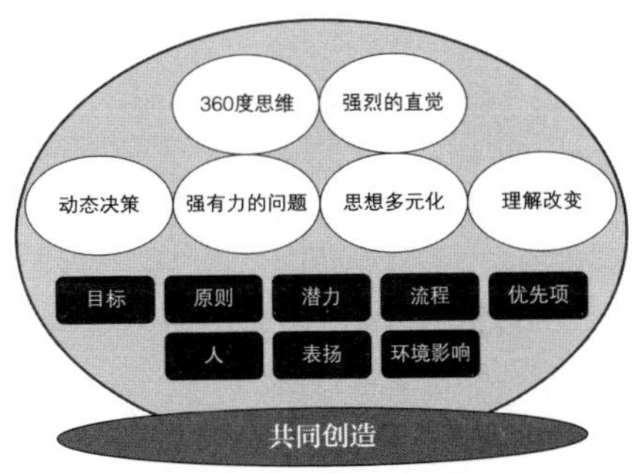

第十章 行动思路：如何引领社团实现成功

本书概述了协会领导者必须具备的六种新型领导能力，这些能力有助于领导者在协会中创造并保持积极的变革；本书同时探讨了协会取得成功必备的八种必要的组织基础以及有助于会员领导者和驻会领导者共同创造未来的统一战略。

那么，各协会应该如何行动最好？除了每章后面的思考问题，我们还提供了以下行动指南：

采取更全面/多维度的领导者视角

领导者必须采用一种全面的、多维度的组织领导视角。本书所介绍的组织基础和能力可能会被认为是新颖的、与众不同的，但事实上，它们本来就是领导者天然应该具备的。为了利用领导者与生俱来的本能，需要从挑战所有的设想开始着手。

领导者思考问题，还必须超越人们以往的预期、优先项和机遇，从而发现协会自身真正的潜力。凯根和拉海在《改变为何这样难》(2007) 一书中谈到了适应性挑战的概念。领导者必须适应正在发生的事情，而不是坚持他们固有的、陈旧的关于各种预期的观念。

适应性领导力和适应性挑战的理念包括领导者必须面对其潜在的恐惧以及挑战其关于当前形势的设想等。我们认为，这样做有助于读者用全新的、更复杂的方式来思考。

了解自身的价值观和直觉

领导者必须深度了解自身的价值观，并明白这些价值观是如何影响他们的行为、决定和行动的。除此之外，领导者还必须学会读懂自己的直觉。虽然许多领导者已经适应了只依靠数据驱动型方法解决问题，但是领导者在考虑做出行动时，必须学习利用自己的价值观和直觉。尽管刚开始由于不熟悉动态决策的概念，领导者可能会对这一做法充满怀疑，但是他们必须尝试这么做。

明确价值观，了解个人与组织文化，可以在行政评估和各种工具的帮助下以及与管理教练的合作下完成。领导者的个性、价值观和内部系统会影响其作为领导者的表现，而教练可以帮助他们了解这一影响的深层动因。

如果工作场所囊括了来自不同文化、不同代际、拥有不同生活经历和专业经验的人，那么这样的工作场所就会变得不再那么同质化，而且充满了各种不同的创意、观点和感受。我们认为，在任何组织中，领导者如果能够更多地了解情商概念，他们的工作将变得游刃有余。关于情商，戈尔曼的研究可提供良好的参考。而且现在有很多能干的管理教练和领导力咨询顾问可以与你所在的组织一起，利用评估模型和相关工具来评测领导者的情商。情商的概念与其他人格评估和智商评估大有不同。一个人的智商是固定的；据专家介绍，智商是不会随着时间变化发生大的改变的。但是，情商技能却可以提高。专家认为，通过与领导者一起工作，帮助领导者在工作场合了解、接受并利用积极的、富有成效的情感，可有助于创造一个信息畅通的成功组织。

发展动态决策技能

领导者必须始终相信自己的直觉和价值观，并且必须在个人和集体的决策过程中对其加以使用。动态决策将帮助你快速决定是否应该利用直觉。这并不是说，领导者在决策时需要更多地使用直觉，而是他们需要了解什么时候需要使用直觉以及数据。

领导者不能忽视共同直觉的可能性。领导者可以通过统一会员和专职工作人员的价值观、直觉和看法，进而帮助整个团体实现共同直觉。一个组织只有超越了“标准、运作方式和细目”的范畴，才可以专注于真正具有战略性的问题。

与组织中的人员加强联系

了解组织中的人力资本，并真诚与其组成人员加强深层次的联系，是掌握本书所介绍的新型能力的最重要的方面。许多组织目前都擅长使用组织章程来构建工作小组。我们看到，各工作岗位上的员工，他们名字的上面或下面标明各自的职责和功能。我们将这些员工视作是集体的组成部分，但有时仅是从量化的角度来看，例如：我们有多少全职员工？我们的理事会有多大？我们的委员会有多少人任职？

如果按照组织章程来构建工作组，那么领导者往往并没有看到作为个体的员工，没有考虑到他们各自的希望和抱负，他们的动力是什么？什么能让他们充满正能量？他们害怕什么以及他们喜欢什么？领导者应该问一些基本问题，如“站在我面前的是怎样一个人？”并充分发挥组织中每个人的全部潜力。

与协会中的个体会员和专职工作人员建立更深层次的联系，能够最大化发挥他们的潜力。营造一种文化氛围，在这种文化氛围下可以从更深的层次上把每个人都理解成为个体，这可以成为组织的一个战略优势，有助于组织创造性地推进并维持积极有效的变革。

提出强有力的问题

通过使用开放式的问题，领导者可以营造一种氛围，使各种思想可以自由交流以推动组织向前发展。协会领导人必须认识到，这些问题不应仅限于在员工会议和理事会会议中使用，而是几乎可以适用所有的情况。提出问题可以为组织内部的教学式培训提供机会，从而营造一种文化氛围，使得每个人有能力、有权力、充满活力地对未来进行展望，努力工作并达到自己的目标。

协会领导者应该培训理事会，避免其纠缠于某些运行细节，而是要保持战略发展重心，并发展一种富有成效且能够经受住时间考验的工作关系。

更加关注周围的世界

在对各类组织的研究中，我们发现，许多组织对于其如何影响周围世界这一点知之甚少，也几乎不关心。但我们却深信它是很重要的。没有组织存在于真空环境中。过去 15~20 年，科技发展大大提高了世界内在的相互关联性，换句话说，跨越国界的沟通和商贸的能力不断提升。我们不再孤单。

关注你周围的世界并不是一定要跟全球化创新举措扯上关系。环境影响可能就存在于你家大门外、街道上和商业中心里。或者，它也可能存在于你所处的行业里、所工作的岗位上或其他相关行业和职业中。作为领导者，你必须认识到你的组织带给外部世界的影响；这一认识对于掌握本书所讲述的新型领导能力来说非常重要。

展开对话

领导者有责任在组织内部发起关于组织基础和领导能力的对话。使用本书每章结尾处列举的讨论展开对话不失为一种很好的方法。这些问题没有提供答案，因为每个组织对于同一问题的答案将会各不相同的。领导者如果致力于掌握这六种新型领导能力，评估自己使用这八种必要的组织基础的现有实力和相对实力，拥抱共创未来的理念，那么他们将会带领其所在的组织向前发展，树立起领导者行为和特征的典范，以激发现任和未来领导者。

我们希望，开展这些对话可以引导领导者在组织中创造并保持积极的改变，增强思考、领导和实现成功的能力。

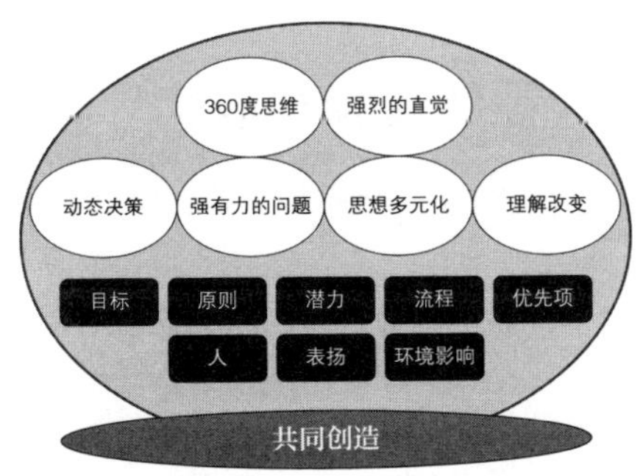

思考题　个人和组织诊断

我们将每章的思考题重新附在了本书末尾。我们希望，您可以在自己的协会中或领导团队中利用这些问题作为诊断工具或帮助开展对话。这些问题旨在帮助您审视您所在的协会或您自己作为领导者对这些能力和组织基础的掌握程度和使用的熟练度。

我们希望保持交流。在您开展对话时，如果发现了对领导者有帮助的新问题，请联系我们加以分享，我们将会在本书新版及今后的交流中纳入您的建议。

有关“六种新型领导能力”的思考题

思考题——360 度思维

- 作为个人领导者，我一直关注的是什么信息？
- 我或我的理事会成员是否陷入了狭隘的“隧道视野”？
- 我对周边信息了解多少？
- 我的“信息过滤器”是什么？
- 我和我的理事会的“联系”能力如何？
- 在了解相关信息和知识后，我是如何通过其反映出来的问题去后退一步看待各种模式的？
- 我和我的理事会是否知道我们个人或集体的大脑偏好？
- 作为一个领导者，360 度思维是怎样帮助我的？此外，360 度思维又是怎样帮助我的理事会和我所在的组织的？

思考题——强烈的直觉

- 我对自己的直觉了解多少？
- 思考或决策过程中什么时候该听从直觉？
- 进行决策时，我是否了解或聆听了自己对所处理问题的感觉？
- 对于所处理的问题，我的表现出的本能是什么？
- 我的本能是如何影响我对所处理问题的看法的？
- 我对自己的情商能力了解有多少？
- 我们所在组织的团体是如何培养共同直觉的？
- 如何避免我们的理事会陷入“群体盲思”或隧道视野？
- 我怎样才能改善我们理事会或组织的直觉机制？

思考题——动态决策

- 今日作为领导，我该如何决策？
- 决策时直觉能起到什么作用？
- 数据发挥着什么作用？
- 应该如何平衡直觉和数据？
- 今日我所在的协会理事会常怎样进行决策？
- 如果我所在的组织将直觉应用到决策中，会产生什么样的结果？
- 有何好处？
- 又有何风险？

思考题——强有力的问题

- 我通常是怎样提问的？
- 我提出了什么样的问题？我提问的措辞是积极肯定的，还是谴责性的？
- 从对我所提问题的答案中，我能够看出什么？
- 别人发言时，我是否在认真的倾听？
- 我查阅了相关数据，准备了许多强有力的问题，是否这样就算为讨论做了充分的准备？
- 我所在的理事会如何组织谈话使之变得开放，且能让人积极参与？我们所提的问题能否保证充分讨论、全员参与的效果吗？
- 我们是否支持使用强有力的问题，且愿意花时间回答这些问题？
- 我应该选择什么方式、什么时机提出这样一个最强有力的问题："我们最害怕提出的问题是什么？"
- 为营造能够鼓励、欣赏提出强有力问题的组织文化，我应该做些什么？

思考题——思想多元化

- 协会理事会如何开展反映不同思维的对话?
- 协会理事会如何回应“非主流”的观点看法?
- 协会理事会在对话过程中如何鼓励各成员提出不同意见?
- 怎么才能够保证从多角度来审视一件事情?
- 领导力文化如何才能调动具有不同思维风格的会员的兴趣?
- 如何保证组织领导者拥有多元化的观点看法?

思考题——理解变革

- 作为个体领导者，我有责任领导大家在哪些方面进行变革?
- 那些反对变革的呼声，其实质是什么?我对其了解多少?
- 关于如何帮助个体会员和协会识别变革中的障碍，我的理解是什么?
- 如何才能更好地理解自身在变革方面的障碍?
- 教练技术在消除组织变革障碍中可以发挥什么样的作用?

有关“八种必要的组织基础”的思考题

思考题——宗旨

- 组织为什么存在?
- 用一句话回答什么是组织宗旨?
- 组织宗旨对组织文化来说意味着什么?
- 组织能够创造什么价值，哪些价值是我们从来没有想过要停止创造的?
- 我们的宗旨随时间的变化做出过调整吗?我们的宗旨中是否始终贯彻某一重点内容，从而使得组织有勇气去据此实行变革?
- 如果有人只了解了组织的优先项（目标），他会如何理解我们的宗旨?
- 如果我们向委员会或其他利益相关者群体询问关于组织宗旨的问题，那么他会说什么?为什么?他们的观点会一致吗?

思考题——原则

- 我所在组织的原则是什么?怎么才能知道这些是我们的组织原则?
- 组织原则如何引导我们选择做什么及不做什么?
- 在对待“人”方面，组织原则如何影响到我们?
- 如何向组织内外的其他人解释这些原则?
- 考察过组织采取的行动和取得的成就后，人们会如何评价组织的原则?

（续）

- 如果向委员会和其他利益相关者提问有关组织原则的问题，他们认为组织原则是什么，为什么？他们每个人的说法是否一致？
- 我们的原则及实际行动都支持变革吗？
- 哪些特定的价值观是必不可少的？
- 与这些价值观相关的有哪些行为？

思考题——潜力

- 组织有没有清晰明了的愿景文字表述？
- 如果组织能够充分发挥自己的潜能，其愿景表述是否清晰地说明了组织及其所处环境未来的面貌？
- 我们的未来愿景和组织宗旨是如何结合在一起的？
- 组织原则是如何影响未来愿景的？
- 这一愿景是否得到了志愿者和协会专职领导层的广泛支持？
- 我们自己是否清楚已发挥了自己的最大潜能？如果清楚，那么我们要继续保持原来的愿景，还是要宣布已成功达成原定愿景，向新的愿景继续前进？
- 如果充分发挥组织机构的潜力，那么能够取得哪些更为积极有效的结果？

思考题——流程

- 在保持组织变革的过程中，流程的作用是什么？流程如何到位？组织如何使流程成为组织文化中长久而又积极的一部分？
- 协会是否已经将可重复的、有效的流程制度化？
- 在充分发挥潜力的过程中，我们是否拥有衡量进展的机制？
- 我们是否已经将战略运营规划流程制度化？
- 这些流程是否能够帮助我们确定优先项是什么，以促使我们充分发挥潜能？
- 我们的工作流程是否与组织宗旨和原则相一致？我们是否成功地动员并使用了“人”？

思考题——优先项

- 组织的优先项都是根据组织宗旨制定的吗？如果不是，哪些优先项与组织宗旨无关。对此，我们又该做些什么？
- 作为一个组织，我们做得较好的有哪些？这些核心能力如何影响我们选择要什么或不能做什么？
- 作为一个组织，我们做得不好之处有哪些？这一认识如何影响我们选择要什么或不能做什么？
- 成功保持变革的组织如何确定自己的工作重点？我们如何模仿他们的方法？
- 影响我们决定不做某一件事的文化因素是什么？这些决定是如何影响组织变革的方向和速度的？

（续）

- 我们的资源是什么？这些资源中存在什么局限性？我们如何才能有效利用这些资源？我们对有限资源的理解如何影响我们选择要什么或不能做什么？
- 我们有没有定期评估我们的项目和服务，以确保它们与组织宗旨相一致，并能创造价值？
- 我们如何应对意料之外的机遇和威胁？

思考题——人

- 怎么理解协会理事会、委员会和专职工作人员中“人”的作用？怎样认同上述作用？
- 组织机构的宗旨、实践和原则是如何影响人们被看待的方式，如何影响领导者的领导方式和会员、专职工作人员和消费者被对待的方式的？
- 会员能给组织带来什么样的独特技能、知识和关系？
- 什么因素能让人们全面参与变革？
- 我们在项目实施前是否已经跟会员和专职工作人员交流清楚，他们各自的职责是什么及其原因？
- 理事会应该做什么，具有什么授权？
- 理事会获得组织授权行使治理职权了吗？
- 协会会长获得组织授权行使管理权了吗？
- 委员会和其他利益相关者有没有被授权去做理事会在限定范围内委派给他们的工作？
- 我们如何确保会员的技能与我们要求他们发挥的作用相一致？

思考题——表扬

- 表扬、认可和对贡献的重视在协会中到什么作用?
- 我们在还未取得完全成功时，庆祝成功的意义是什么?
- 组织如何向其会员做出的贡献和成就表达感谢?
- 组织如何向其专职工作人员做出的贡献和成就表达感谢?我们的奖励办法是否让专职工作人员感受到对其贡献的重视?
- 组织如何交流和庆祝其成就?
- 组织有哪些机会通过获得奖项、媒体报道、政府表彰等方式获得外部认可?
- 当向个人做出的贡献表达感谢时，我们说明他们的具体行为了吗?

思考题——环境影响

- 如果我们的组织不存在，世界会有何不同?
- 如何为我们的协会会员和利益相关者创造价值?
- 我们所做的事情对组织范围以外的“群落”带来了什么影响?
- 我们提供的项目和服务会产生什么样的连锁反应?
- 我们有哪些与组织宗旨和原则相一致的机遇，可以让我们不仅在组织内部，而且给外部世界也带来积极变化?
- 组织如何与其周围的世界相联系?

有关“统一策略——领导者如何共同领导”的思考题

思考题——共同创造

- 共同创造是一种组织上下所有人之间的伙伴关系，这句话的含义是什么？
- 如何营造一种鼓励公开交流想法的氛围？
- 如何评估某些想法的价值，不管是谁提出来的？
- 应该如何培养对组织目标和成果的共享观念？
- 为什么共同创造在创造持续性变革过程中是非常有必要的？
- 怎样确保这样一种伙伴关系：人们在实现成功的过程中共同投入并全情奉献？
- 如何才能将共同创造变为现实？怎样达到第三层次思维模式中平衡伙伴关系中“我们”的层次？

延伸阅读

1. Adams, Marilee G. *Change Your Questions, Change Your Life: 10 Powerful Tools for Life and Work.* Berrett Kohler. 2004.

2. Alcorn, Shelly, CAE. "Association Executives: Provocative Proposals for Change." Research to be published on corporate website www.alcornassociates.com/index-13.html. 2012.

3. Argyris, Chris. *Knowledge for Action: A Guide to Overcoming Barriers to Organizational Change.* Jossey-Bass. 1993.

4. Adye, Patti. "Intuition and Leadership: The Art of Wise Decision-Making." Master's Thesis for Royal Rods University, Victoria, British Columbia (2004). Retrieved from www.proquest.com. (3177390)

5. Bazerman, M.H. *Judgment in Managerial Decision-Making* (6th ed). Wiley. 2006.

6. Bennis, Warren G. and Thomas, Robert J.*Geeks & Geezers: How Era, Values, and Defining Moments Shape Leaders.* Harvard Business Review Press. 2002.

7. Blanchard, Kenneth H.; Hersey, Paul H.; and Johnson, Dewey E. *Management of Organizational Behavior* (9th ed). Prentice Hall. 2007.

8. Bolman, Lee G. and Deal, Terrence E. *Reframing Organizations: Artistry, Choice, and Leadership* (4th ed). Jossey-Bass. 2008.

9. Bonabeau, Eric. "Don't Trust Your Gut." *Harvard Business Review.* May 2003.

10. Burke, L.A. and Miller, M.K. "Taking the Mystery Out of Intuitive Decision-Making." *Academy of Management Executive,* 13(4), 1999.

11. Church, M.J. "Intuition, Leadership, and Decision-Making: A Phenomenon." 2005. Unpublished dissertation, University of Phoenix. Dissertation Abstracts International, 66(05):1847. (UMI No. 3177390).

12. Coleman, John; Gulati, Daniel; Segovia, W. Oliver. *Passion and Purpose: Stories from the Best and Brightest Young Business Leaders.* Harvard Business Review Press. 2011.

13. Collins, James C. and Porras, Jerry I. *Built to Last: Successful Habits of Visionary Companies.* Harper Collins. 1994.

14. Collins, James C. *Good to Great and the Social Sectors: A Monograph to Accompany Good to Great.* Harper Collins. 2005.

15. Collins, James C. *Good to Great: Why Some Companies Make the Leap...And Others Don't.* Harper Business. 2001.

16. Dalton, James and Dignam, Monica. *The Decision to Join: How Individuals Determine Value and Why They Choose to Belong.* ASAE. 2007.

17. Dalton, James and Dignam, Monica. *10 Lessons for Cultivating Member Commitment: Critical Strategies for Fostering Value, Involvement, and Belonging.* ASAE Association Management Press. 2012.

18. Dane, Erik and Pratt, Michael G. "Exploring Intuition and Its Role in Managerial Decision-Making." *Academy of Management Review,* 32(1), 2007.

19. Drury, M.L. and Kitsopoulos, S.C. "Do You Still Believe in The Seven Deadly Myths?" *Consulting to Management.* March 2005.

20. Epstein, Seymour. "Integration of the Cognitive and the Psychodynamic Unconscious," *American Psychologist,* vol. 49, 1994.

21. Frederick, William C. *Values, Nature, and Culture in the American Organization.* Oxford University Press. 1995.

22. Gelb, Michael. *How to Think like Leonardo da Vinci: Seven Steps to Genius Every Day.* Dell. 2000.

23. Gladwell, Malcolm. *Blink: The Power of Thinking Without Thinking.* Little, Brown and Co. 2005.

24. Goleman, Daniel. *Leadership: The Power of Emotional Intelligence.* More Than Sound. 2011.

25. Goleman, Daniel; Boyatzis, Richard; and McKee, Annie. *Primal Leadership.* Harvard Business Review Press. 2002.

26. Goleman, Daniel; Boyatzis, Richard; and McKee, Annie. "Primal Leadership: Hidden Drivers of Great Performance." *Harvard Business Review,* December 2001.

27. Goleman, Daniel. *Emotional Intelligence: Why It Can Matter More Than IQ.* Bloomsbury. 1996.

28. Goleman, Daniel. "What Makes A Leader?" *Harvard Business Review.* November-December 1998.

29. Hain, Randy. "The Diversity of Thought." Corporate website article from http://www.belloaks.com/insights/manage-your-career/9/34-diversity-of-thought-the-next-frontier-.

30. Heifetz, Ronald; Grashow, Alexander; and Linsky, Marty. *The Practice of Adaptive Leadership Tools and Tactics for Changing Your Organization and the World.* Harvard Business Press. 2009.

31. Herrmann, Ned. *The Whole Brain Business Book: Unlocking the Power of Whole-Brain Thinking in Organizations and Individuals.* McGraw-Hill. 1996.

32. Hofstede, Geert S. *Cultures and Organizations: Software of the Mind.* McGraw-Hill. 1996.

33. Hofstede, Geert S. "Cultural Constraints in Management." *Academy of Management Executive,* 7(1), 1980.

34. Institute of Leadership & Management. *Creating a Coaching Culture.* www.I-L-M.com/research-and comment/9617.aspx. May 2011.

35. ITAP International. "Culture in the Workplace Questionnaire." *Certification Training Manual,* 2011. www.itapint.com/tools/culture-in-the-workplace-questionaire-cw/itapcwquestionaire.html.

36. Janis, Irving L. *Victims of Groupthink: A Psychological Study of Foreign Policy Decisions and Fiascoes.* Houghton Mifflin. 1972.

37. Jung, Carl. *Psychological Types (The Collected Works of C. G. Jung, Vol. 6).* Princeton University Press. 1976. (Originally published in 1921.)

38. Kahneman, Daniel. *Thinking, Fast and Slow.* Farrar, Straus and Giroux. 2011.

39. Katzenbach, Jon and Smith, Douglas. *The Wisdom of Teams: Creating the High-Performance Organization.* Harper Business. 2003.

40. Kegan, Robert and Lahey, Lisa Laskow. *Immunity to Change: How to Overcome It and Unlock the Potential in Yourself and Your Organization.* Harvard Business School Press. 2009.

41. Keller, Scott and Price, Colin. *Beyond Performance: How Great Organizations Build Ultimate Competitive Advantage.* Wiley. 2011.

42. Klein, Gary. *The Power of Intuition: How to Use Your Gut Feelings to Make Better Decisions at Work.* Crown Business. 2004.

43. Kline, Dee Ann. "Intuitive Team Decision-Making." In *How Professionals Make Decisions.* (Henry Montgomery, Raanan Lipshitz, and Bennett Brehner, eds). Lawrence Erlbaum Associates. 2005.

44. Kotter, John P. *Leading Change.* Harvard Business Review Press. 1996.

45. Kouzes, James M. and Posner, Barry Z. *The Leadesrhip Challenge.* Jossey-Bass. 2007.

46. Lencioni, Patrick. *Overcoming the Five Dysfunctions of a Team: A Field Guide for Leaders, Managers, and Facilitators.* Jossey-Bass. 2005.

47. Linsky, Marty and Heifetz, Ronald. *Leadership on the Line: Staying Alive Through the Dangers of Leading.* Harvard Business Review Press. 2002.

48. Maltbia, Terrence and Power, Anne. *A Leader's Guide to Leveraging Diversity: Strategic Learning Capabilities for Breakthrough Performance.* Butterworth-Heinemann. 2008.

49. Marquardt, Michael J. *Leading with Questions: How Leaders Find the Right Solutions By Knowing What To Ask.* Jossey-Bass. 2005.

50. Mayer, J.D. and Salovey, Peter. "What Is Emotional Intelligence?" In *Emotional Development and Emotional Intelligence: Educational Implications.* (Peter Salovey and David Sluyter, eds). Basic Books. 1997.

51. McNaught, Jay E. "How Baby-Boomer Experienced Leaders Use Intuition in Decision-Making." Dissertation submitted to the Faculty Division of Graduate Studies in Leadership and the Graduate School in partial fulfillment of the requirements for the degree of doctor of education in organizational leadership, Indiana Wesleyan University. April 2012.

52. Miller, C. and Ireland, R. "Intuition in Strategic Decision-Making: Friend or Foe in the Fast-Paced 21st Century?" *Academy of Management Executive,* 19(1), 2005.

53. Moore, James F. *The Death of Competition: Leadership and Strategy in the Age of Business Ecosystems.* Wiley. 1997.

54. Notter, Jamie. "The Power of Frustration." May 4, 2009. www.jamienotter.com/2009/05/the-power-of-frustration/.

55. Peters, Thomas J. and Waterman, Robert H. Jr. *In Search of Excellence.* Harper & Row. 1982.

56. Quatro, Scott A. and Sims, Ronald R., eds. *Executive Ethics: Ethical Dilemmas and Challenges for the C Suite.* Information Age Publishing. 2008.

57. Rees, Fran. *The Facilitator Excellence Handbook.* Pfeiffer. 1998.

58. Rosenbaum, Steve. *Curation Nation: How to Win in a World Where Consumers Are Creators.* McGraw-Hill. 2011.

59. Sadler-Smith, Eugene and Shefy, Erella. "The Intuitive Executive: Understanding and Applying 'Gut Feel' in Decision-Making." *Academy of Management Executive,* 18(4), 2004.

60. Schein, Edgar H. *Organizational Culture and Leadership.* Jossey-Bass. 2004.

61. Scott, Susan. *Fierce Conversations, Achieving Success at Work and in Life, One Conversation at a Time.* Berkley Trade. 2004.

62. Scott, Susan. *Fierce Leadership: A Bold Alternative to the Worst "Best" Practices of Business Today.* Crown Business. 2011.

63. Senge, Peter M. *The Fifth Discipline: The Art and Practice of the Learning Organization.* Doubleday Business 1994.

64. Shvetank Shah; Horne, Andrew; and Capellá, Jaime. "Good Data Won't Guarantee Good Decisions." *Harvard Business Review.* April 2012.

65. Simon, Herbert A. *Administrative Behaviour: A Study of Decision-Making Processes in Administrative Organizations.* The Free Press. 1997.

66. Simon, Herbert A. *Models of Man: Social and Rational-Mathematical Essays on Rational Human Behavior in a Social Setting.* Wiley. 1957.

67. Simon, Herbert A. "Designing Organizations for an Information-Rich World," in Martin Greenberger. *Computers, Communication, and the Public Interest.* The Johns Hopkins Press. 1971.

68. Stansfield, Brian R, ed. *The Art of Focused Conversation: 100 Ways to Access Group Wisdom in the Workplace.* Canadian Institute of Cultural Affairs. New Society Publishers. 2000.

69. Tecker, Glenn; Frankel, Jean; and Meyer, Paul. *The Will to Govern Well.* ASAE. 2002.

70. Townsend, John. *Leadership Beyond Reason: How Great Leaders Succeed by Harnessing the Power of Their Values, Feelings, and Intuition.* Thomas Nelson. 2009.

71. Traditional Chinese Medicine Basics. Published at website www.tcmbasics.com/basics_5elements.htm.

72. Welch, Jack. *Jack: Straight from the Gut.* Business Plus. 2001.

73. Whitworth, Laura; Kimsey-House, Karen; Kimsey-House, Henry; and Sandahl, Phillip. *Co-Active Coaching: New Skills for Coaching People Toward Success.* Davies-Black. 2007.

74. Williams, Ray B. "The Right-Brained Executive: Use the Right Brain in Business?" *Psychology Today*'s Wired for Success Blog. www.phychologytoday.com/blog/wired-success/201006/the-right-brained-executive. June 1, 2010.

75. Winerman, Lea. "What We Know Without Knowing How." *Monitor on Psychology.* (36)(3), 2005.